EBERHARD SCHMIDT

Kammergericht und Rechtsstaat

Eine Erinnerungsschrift

SCHRIFTENREIHE
DER JURISTISCHEN GESELLSCHAFT e. V.
BERLIN

Heft 31

Berlin 1968

WALTER DE GRUYTER & CO.

vormals G. J. Göschen'sche Verlagshandlung · J. Guttentag, Verlagsbuchhandlung
Georg Reimer · Karl J. Trübner · Veit & Comp.

Kammergericht und Rechtsstaat

Eine Erinnerungsschrift

Von

Eberhard Schmidt

Berlin 1968

WALTER DE GRUYTER & CO.

vormals G. J. Göschen'sche Verlagsbandlung · J. Guttentag, Verlagsbuchhandlung
Georg Reimer · Karl J. Trübner · Veit & Comp.

Archiv-Nr. 27 27 68 23
Satz und Druck: Max Schönherr, Berlin

Inhalt

VI

Literarische Nachweise

Die nachstehende Erinnerungsschrift möchte ich nicht mit einem alle Einzelheiten belegenden literarischen Apparat versehen. Die Arbeit stützt sich auf die allgemeinhistorischen Werke von *Otto Hintze* (Die Hohenzollern und ihr Werk), *Hans-Joachim Schoeps* (Preußen, Geschichte eines Staates) und *Johannes Schultze* (Die Mark Brandenburg, 4 Bände, 1961–1964). Für die Geschichte des Kammergerichts ist nach wie vor das vierbändige Werk von *Friedrich Holtze,* Geschichte des Kammergerichts in Brandenburg-Preußen, 1890–1904, von grundlegender Bedeutung. Auch *Adolf Stölzels* Werke (Brandenburg-Preußens Rechtsverwaltung und Rechtsverfassung, 2 Bände, 1888; Fünfzehn Vorträge aus der Brandenburgisch-Preußischen Rechts- und Staatsgeschichte, 1889; Die Entwicklung der gelehrten Rechtsprechung, 2 Bände 1901 u. 1910) haben bleibende Bedeutung. Von *meinen eigenen Arbeiten* zur Geschichte des brandenburgisch-preußischen Rechts erwähne ich: Fiskalat und Strafprozeß, 1921; Staat und Recht in Theorie und Praxis Friedrichs des Großen, 1936; Rechtsentwicklung in Preußen, Neudruck 1960; Rechtssprüche und Machtsprüche der preußischen Könige des 18. Jahrhunderts, 1943; Die Justizpolitik Friedrichs des Großen (Heidelberger Jahrbücher VI, 1962); Einführung in die Geschichte der Deutschen Strafrechtspflege, 3. Auflage, 1965. Die gedruckten und ungedruckten Quellen, deren Benutzung ich in diesen meinen Arbeiten nachgewiesen habe, sind auch in der vorliegenden Erinnerungsschrift herangezogen worden.

Endlich möchte ich noch auf *Eduard Kerns* Geschichte des Gerichtsverfassungsrechtes, 1954, hinweisen, da hier der brandenburg-preußischen Rechtsentwicklung vielfach besondere Ausführungen gewidmet sind.

I. Die ersten urkundlichen Erwähnungen

Wann unter dem Namen „Kammergericht" dasjenige Gericht *gegründet* worden ist, von dem aus eine sichere historische Kontinuität zum heutigen Berliner Kammergericht urkundlich festgestellt werden könnte, das dürfte sich auf Jahr und Tag nicht mehr feststellen lassen.

1. In der Dezember-Nummer der Deutschen Rechtszeitschrift, Jahrgang 1948, hat Senatspräsident *W. Gottschick* „zum 575jährigen Bestehen des Kammergerichts" einen kurzen Abriß der Geschichte des Kammergerichts veröffentlicht. *Gottschick* hat also die Anfänge des Kammergerichts in das Jahr 1373 verlegt, ohne sich freilich auf eine das Kammergericht betreffende Urkunde aus diesem Jahre stützen zu können. Freilich hat mit dem Jahre 1373 eine für die Verwaltung und Rechtspflege der Mark Brandenburg bedeutsame Zeit begonnen. Die Hausmachtpolitik Kaiser Karls IV. lockte zu dem Bestreben, die Mark Brandenburg dem böhmischen Königreich zu inkorporieren. Dies veranlaßte Karl IV. seit 1373 zu häufigen Aufenthalten in der Mark. Tangermünde sollte seit 1374 zu einer festen Residenz ausgebaut und ausgestaltet werden. Die unruhigen Verhältnisse des Landes, geschürt immer wieder durch Fehden und Aufsässigkeiten frondierender märkischer Adelsgeschlechter, drängten zu strafferer Regierung und zu wirksamem Schutz des Landfriedens. So kam es 1373 und in den folgenden Jahren zu Zusammenkünften mit politisch wichtigen Nachbarfürsten und in den Jahren 1374 und 1377 zu bedeutenden Landfriedenseinungen, im Zusammenhang damit aber auch zu einer strengen Ausübung der Gerichtsbarkeit im Interesse des Schutzes des Landfriedens. Soweit ritterbürtige Vasallen sich wegen Landfriedensbruch zu verantworten hatten, geschah das in dem vom Markgrafen selbst geleiteten, in seiner Hofhaltung veranstalteten „Hofgericht". Von dieser „hogesten dingstat" aber heißt es im Richtsteig Land-

rechts (Mitte des 14. Jahrhunderts): „dat is in des kemerers kamere, dat is tu tangermünde". Auch das Berliner Stadtbuch (1392) bezeichnet das am markgräflichen Hof gebildete Gericht als „kammerrecht". So ist durchaus anzunehmen, daß Karls IV. zu Tangermünde gehegtes Hofgericht auch als „kammerrecht" (d. h. „Kammergericht") bezeichnet worden ist. Die Hofhaltung des Markgrafen ist schon seit den Zeiten Albrechts des Bären als „Kammer" tituliert worden. Der Name Kammergericht weist also darauf hin, daß es sich um das höchste, vom Markgrafen selbst mit auserwählten Vasallen an seinem Hof gebildete Gericht handelt, das bei allen Residenzwechseln dem Markgrafen jeweils dorthin gefolgt ist, wohin er seine Hofhaltung verlegte.

Daß von einem „Kammergericht" in diesem Sinne nicht erst seit Karl IV., sondern schon vorher hat gesprochen werden können, werden wir annehmen dürfen. Die Anfänge verlieren sich aber im Dunkel der märkischen Geschichte; durch Urkunden wird sich dieses Dunkel kaum noch erhellen lassen.

2. Im Jahre 1913 hat *Friedrich Holtze*, der Historiograph des Kammergerichts, sein Werk „500 Jahre Geschichte des Kammergerichts" veröffentlicht. Damit hat er die Entstehung des Kammergerichts in die Zeit zurückverfolgt, da der Hohenzoller Burggraf Friedrich von Nürnberg die „Hauptmannschaft" über die Mark Brandenburg ausübte, die ihm von dem Luxemburger König Sigmund am 8. Juli 1411 übertragen worden war und die ihm König Wenzel als König von Böhmen und als römischer König am 15. Dezember 1411 auf seine Bitte hin bestätigt hatte. Friedrichs *Belehnung* mit der Markgrafschaft und die Erwerbung der Kur- und Erzkämmererwürde ist bekanntlich erst am 30. April 1415 mit Vorbehalt, am 18. April 1417 endgültig erfolgt. Aber noch zur Zeit seiner „Hauptmannschaft", also als Verweser der Mark, ist Friedrich zwischen 1411 und 1415 wiederholt in der Mark erschienen. Er hat in diesen Jahren mit den frondierenden Adelsgeschlechtern, deren ständige Fehden das Land erschütterten, schwere Auseinandersetzungen gehabt, und in diesem Zusammenhang am 20. März 1414 in Tangermünde ein Landfriedensgesetz verkündet und dabei zugleich „Gericht über die Rebellen gehalten". Über ritterbürtige Vasallen kann dieses Gericht nur als dasjenige des Markgrafen selbst, also

als sein Hofgericht geurteilt haben. Der Name „Kammergericht"
aber taucht im Zusammenhang damit in den Urkunden nicht auf.

3. Wie Friedrich I., so hat es auch sein Nachfolger in der Kur-
würde, Friedrich II. (1440–1470), als eine seiner wichtigsten
Aufgaben angesehen, nicht nur den Ständen des Landes gegenüber seine markgräfliche Autorität durchzusetzen, sondern überhaupt für eine straffere Ordnung des Rechtswesens Sorge zu
tragen. Die ihm zustehende oberste, persönliche Gerichtsbarkeit,
die er mit den seiner Umgebung zugehörenden Vasallen ausübte,
hat dabei sicher keine geringe Rolle gespielt. In einer Urkunde
vom 17. März 1468 wird dieses persönliche „oberste Hofgericht"
als „Kammergericht" bezeichnet. Freilich geschieht in dieser Urkunde des Kammergerichts nur ganz beiläufig Erwähnung; denn
den eigentlichen Gegenstand der Urkunde bildet die Bestallung
für einen „procurator fiscal", der den Auftrag erhielt, „vonn alle
dem recht und straffung zu fordern das brochlich und strefflich
ist, als einem fiscal vonn rechts wegen geburt, doch das er nymant
sol unrecht thun, dorzu wir geordent und gesatzt haben, unseres
Hofs kammergericht vor dem er alle sach, so verren es not ist, sol
und mage ußtragen und erfordern". Den unmittelbaren Anlaß
zur Bestellung des Fiskals haben, wie in der Urkunde ausgeführt
wird, häufige Verstöße gegen die Ordnung und die Satzung des
Münzwesens gegeben. Die Tätigkeit des Fiskals soll also dem
Schutze des für den Kurfürsten so wichtigen Münzregals dienen;
aber daneben weist die Urkunde auch auf Verletzungen des dem
Kurfürsten nach dem Rechte der Goldenen Bulle (1356) zustehen-
den privilegium de non evocando durch solche Personen hin, „die
uber unnser freyheyt unnd privilegia die unsern Laden, Rufen
oder Zyhen zu recht uhs unnsern Lannden". Die Hinweise auf
Verletzungen des Münzregals und des kurfürstlichen Gerichts-
barkeitsprivilegs sind übrigens nur wichtige *Beispiele* für das,
was den Aufgabenbereich des Fiskals ganz allgemein ausmachen
soll. Die in der Urkunde zunächst enthaltene, oben wieder-
gegebene Generalklausel ist an Hand dieser Beispiele dahin zu
deuten, daß der Fiskal *alle* landesherrlichen Gerechtsame und
Interessen in seine Obhut zu nehmen und sie im Falle von Beein-
trächtigungen beim Kammergericht durchzusetzen hat. Es ist
beachtlich, daß der Kurfürst die Wahrnehmung seiner Interessen
unter den Gesichtspunkt der „gerechtigkeyt und des rechten"

stellt und daß er den Fiskal ausdrücklich ermahnt, niemandem Unrecht zu tun. So weist denn *Otto Hintze* mit Recht darauf hin, daß Friedrich II. die Pflichten der landesfürstlichen Obrigkeit mehr, als das bisher der Fall gewesen ist, auf die „Herstellung von Recht und Gericht" ausgerichtet hat. Die Pflege der „lieben Justitia" ist seitdem eines der wesentlichen Anliegen der brandenburgischen Kurfürsten gewesen, und das Kammergericht, an dem als dem obersten Hofgericht das Recht unter unmittelbarer Mitwirkung des Kurfürsten hat gepflegt werden können, dürfte für den Kurfürsten das wichtigste Instrument zur Erfüllung dieser selbstgesetzten Aufgabe gewesen sein. Welche Rolle bei diesen Bestrebungen das seit 1468 nachweisbare Fiskalat gespielt hat und wie diese fiskalamtliche Tätigkeit gerade in der Geschichte des Kammergerichts bedeutsame Folgen für die Entwicklung des brandenburg-preußischen Richtertums ausgelöst hat, damit werden wir uns noch zu beschäftigen haben.

Durch eine Urkunde vom Dienstag nach Conceptionis Mariae 1476 erfahren wir Näheres über die das Kammergericht bildenden Persönlichkeiten. *Hintze* vermutet, daß hier die Räte sich zusammengefunden haben, „die den Kurfürsten beständig umgaben". Aber der erwähnten Urkunde zufolge dürften es nicht nur „wesentliche" Räte, sondern auch „Räte von Haus aus" gewesen sein, die im Kammergericht getagt haben. Die Urkunde nennt Jorgen von Waldenfels als „Kammerrichter" und erwähnt als des „gnedigen Herrn Rete" zwei hohe Geistliche, drei „doctores", zwei hohe Hofbeamte (Hofmeister und Marschall), zwei Amtmänner, einen Vogt und zwei Bürgermeister. Die Besetzung ist also den Interessen und Wünschen der Stände entsprechend eine noch durchaus ständische gewesen; immerhin ist das Element der gelehrten Juristen 1476 ebenfalls bereits vertreten. Ob die Besetzung mit 12 Räten im Jahre 1476 eine zufällige gewesen ist oder schon einer verfestigten Organisation entspricht, kann nicht mit Sicherheit gesagt werden. Die in der Reichskammergerichtsordnung von 1495 angeordnete Zwölfzahl kann jedenfall noch kein Vorbild gewesen sein.

II. Die Entwicklung des Kammergerichts
im Zeitalter des Ständestaates

1. Genauere Kenntnis von der Organisation und Funktion des Kammergerichts vermitteln wichtige urkundliche Zeugnisse aus der Regierungszeit Kurfürst Joachims I. (1499–1535). Ihn als den „Neugründer des Kammergerichts" zu bezeichnen, dürfte freilich nicht richtig sein. Das Kammergericht tritt unter Joachim I. in die Epoche des sich verfestigenden Territorialstaates ein, dessen Verwaltung und Rechtspflege sich strafft. Die wichtigsten territorialstaatlichen Einrichtungen erhalten deutlichere Organisationsformen. Allerdings ist in dieser Zeit auch der Einfluß der Stände auf die Besetzung des Kammergerichts und auf seine Einstellung zum Dualismus zwischen Landesherrn und Ständen außerordentlich rege und bedeutsam. Ein eigenartiges Zusammentreffen kurfürstlicher und ständischer Interessen führte zur Ausschaltung der bis dahin beim Magdeburger Schöffenstuhl eingeholten Rechtsbelehrungen, zur Abwendung von den das Erbrecht betreffenden Normen des sächsischen Rechts, zur Übernahme römischen Rechts in der sogenannten Joachimica (1527) und im Zusammenhang mit alledem auch zu Bemühungen um eine eingehende Ordnung des Kammergerichts, seiner Zuständigkeit, seiner Besetzung, seines gesamten Dienstbetriebes. Dies alles fällt in eine Zeit, in der der brandenburgische Kurfürst noch einmal vor der Aufgabe steht, adlige Rebellionen schärfstens zu unterdrücken, die landesherrliche Autorität und die staatliche Ordnung durch rigorose Handhabung staatlicher Strafgewalt mit äußerster Strenge durchzusetzen.

2. Es ist hier nicht der Ort, auf die verwickelten historischen Einzelheiten einzugehen, aus denen schließlich im Jahre 1540 die „Reformation des Kammergerichts" hervorgegangen ist. Die ganzen Vorarbeiten und der Entwurf von 1516 haben noch stark unter ständischem Einfluß gestanden; die im Jahre 1495 aufgerichtete Ordnung des Reichskammergerichts hat dabei um so mehr als Vorbild herangezogen werden können, als ja auch die Neuordnung der Reichsgerichtsbarkeit in erster Linie eine von den Reichsständen betriebene Angelegenheit gewesen ist. Wie das Reichskammergericht weist nach dem Entwurf von 1516 auch das märkische Kammergericht eine Besetzung mit 12 Beisitzern

auf, von denen 8 aus den Reihen der Stände kommen, während der Kurfürst nur 4 seiner Räte als Beisitzer abordnen kann. Im Vorsitz kann sich der Kurfürst, wie schon zuvor, durch den von ihm bestellten „Kammerrichter" vertreten lassen. Als anzuwendendes Recht wird schon im Entwurf von 1516 angesichts der vielfältigen Unsicherheiten und Mängel des märkischen Rechts das „Kaiserrecht" vorgeschrieben. Im Unterschied zum Reichskammergericht aber ist das märkische Kammergericht nach dem Entwurf von 1516 nicht in Landfriedensbruchsachen zuständig. Das ist nur zu begreiflich. Im Interesse der Stände kann es kaum gelegen haben, „ihr" Kammergericht bei der Aburteilung der von ihren Standesgenossen begangenen Verstöße gegen den Landfrieden eingesetzt zu sehen. Vor allem aber haben die politischen Interessen des Kurfürsten selbst gegen eine Zuständigkeit des von ständischem Einfluß nicht freien Kammergerichts in Landfriedenssachen gesprochen; denn im Jahre 1516 sind die Auseinandersetzungen des Kurfürsten mit den immer wieder auf Grund ihrer Fehden in schwerster Weise landfriedensbrüchig werdenden Adelsgeschlechter noch lange nicht beendet. Wollte der Kurfürst in dieser Beziehung Herr der Situation bleiben, so hat er die Ahndung schwerer Landfriedensbrüche, begangen durch fehdelüsterne Adelige, nicht dem Kammergericht anvertrauen können; vielmehr hat er die im Inquisitionsprozeß durchzuführende Verfolgung und Aburteilung der Landfriedensbrüche nur ganz zuverlässigen, ad hoc berufenen Kommissionen übertragen können, sofern er nicht in diesen für Bestand und Festigung seiner Herrschaft entscheidend wichtigen Sachen selbst das Richteramt auszuüben für angebracht erachtete. Dieser Kampf um den Landfrieden hat unter Joachim I. nicht mehr beendet werden können. Erst 1540 ist man so weit gewesen, daß die nur allzu oft in Landfriedensbrüche ausartenden Fehden adliger Geschlechter grundsätzlich nicht mehr als berechtigte Selbsthilfeaktionen angesehen werden durften, daß sie vielmehr überhaupt nur noch als verbrecherische Auflehnungen gegen die friedenbewahrende landesfürstliche Herrschaft zu gelten hatten. Es ist rechtsgeschichtlich sehr aufschlußreich, wie die gerade an der Geschichte des Kammergerichts sichtbar werdende Verfestigung des Rechts- und Gerichtswesens den Charakter der Fehden in dem Sinne verändert, daß das stetige Funktionieren einer, alle Selbsthilfehandlungen erübrigenden kurfürstlichen Gerichtsbarkeit die Fehden nur noch als rechtswidrige Gewaltakte hat erscheinen lassen; denn wo gerichtlicher Austrag aller Streitigkeiten jederzeit möglich, da hat „rechtmessig gedrungen ursach" für eine Fehde mit ihren Gewalttätigkeiten nicht mehr in Frage kommen können.

Holtze schildert, wie im Jahre 1540 eine Fehde des Ritters v. Minckwitz gegen den Bischof von Lebus und die Stadt Fürstenwalde damit endete, daß der Ritter sich dem Kurfürsten unterwarf, sich also dem Friedensgebot des Landesherrn fügte, und wie diese Unterwerfung als „Abschluß der Zeit des ritterlichen Fehdewesens in der Mark" angesehen werden darf.

3. Das Jahr 1540 aber bringt die Vollendung der Reform des Kammergerichts. Ist man 1516 und später über das Entwurfsstadium nicht hinausgekommen, so kann nunmehr von Kurfürst Joachim II. (1535–1571) die „Reformation Churfürstlicher gnaden zu Brandenburg Cammergerichts zu Cöln an der Sprew" erlassen werden „mit Rath und eintrechtiger bewilligung der Erwirdigen, Wirdigen, Wolgebornen, Edlen, Erbarn unnd Ersamen, unsern besondern freunden, den Bischoffen, Prelaten, Herrn, Mannen und Stedten". Es ist bemerkenswert, daß die „Reformation" anders als der Entwurf von 1516 keine Bestimmung über die Besetzung des Kammergerichts enthält. Nachdem Joachim II. am 1. 11. 1539 sich bei einer Feier der Ritterschaft in Spandau das Abendmahl in beiderlei Gestalt spenden ließ, sich also öffentlich zur Reformation bekannte, haben die Prälaten Brandenburgs einen besonderen Stand zu bilden aufgehört. Schon das hatte natürlich Einfluß auf den ständischen Charakter des Kammergerichts. Vor allem aber sind es zwei Momente gewesen, die die ständische Besetzung des Kammergerichts erschwert haben: Je mehr sich die Rechtsprechungstätigkeit des Kammergerichts intensivierte und nicht nur, wie ursprünglich, einen vierteljährlichen Gerichtsdienst seiner Räte erforderte, war die Mitwirkung von „Räten von Haus aus" in größerem Ausmaß nicht mehr ausreichend. Und vor allem: Die über das Erbrecht sich ausdehnende Herrschaft des römischen Rechts machte es wünschenswert, ja eigentlich schon zu einer Notwendigkeit, daß die Beisitzer des römischen Rechts kundig, also rechtsgelehrte Juristen gewesen sind. Die Entwicklung drängt also dahin, daß rechts-

gelehrte Juristen als „festangestellte Beamte" des Kurfürsten den täglichen Dienst haben wahrnehmen können. Damit wurde das ständische Laienelement, mochten die Stände ihre Abneigung gegen die Hofjuristen, die „gemieteten Doktoren" des Kurfürsten, noch so oft in ihren Landtags-Gravamina betonen, mehr und mehr zurückgedrängt. Das Kammergericht entwickelt sich zu einem mit „Churfürstlichen Kammergerichts Rethen" besetzten ständigen Gericht im kurfürstlichen Schloß zu Cölln an der Spree; es tagt in der „Ratsstube", ja, es ist mit *Otto Hintze* anzunehmen, „daß man sich seit der Zeit Joachims II. und seiner Nachfolger unter dem kurfürstlichen Kammergericht nichts anderes vorzustellen hat, als die Ratsstube in ihrer gerichtlichen Wirksamkeit". Hatte noch der Entwurf von 1516 vorgesehen, daß das Kammergericht nur viermal im Jahre, jedesmal zu Quatember, tagen solle, so setzt die Reformation von 1540 nun bereits den täglichen Gerichtsdienst voraus. Das Verfahren ist das schwerfällig schriftliche des gemeinen Rechts; auf Einhaltung der Termine wird streng geachtet. Gegen Endurteile des Kammergerichts ist ein mit „Supplication" oder „Appellation" bezeichneter Rechtszug an den Kurfürsten möglich, allerdings mit der uns Heutigen seltsam erscheinenden Maßgabe, daß erfolglose „Supplication" oder „Appellation" für die betreffende Partei und ihren Procurator eine recht erhebliche Prozeßstrafe zur Folge hat, die an das Kammergericht zu bezahlen ist. In der kurfürstlichen Entscheidung über die Supplication (Appellation) tritt uns die höchstrichterliche Tätigkeit des Landesherrn in Zivilsachen entgegen; ihr entspricht in Strafsachen die vom Kurfürst wie schon zur Zeit Joachims I. in Anspruch genommene höchste strafrichterliche Gewalt, die er, wie das bei der Ahndung der schweren Landfriedensbruchsachen unter Joachim I. geschehen ist, entweder selbst in eigener Person oder durch eine von ihm eingesetzte Kommission mit dem Vorbehalt der Urteilsbestätigung bzw. -abänderung ausgeübt hat. Die Gerichtsherrlichkeit des Landesherrn ist in dem Büschel der Gerechtsame, die im 16. Jahrhundert zu einer einheitlichen landesherrlichen Staatsgewalt zusammenwachsen, die wohl bedeutsamste Herrscheraufgabe gewesen. Um so wichtiger ist die Auffassung, die der Kurfürst vom Sinn seines Herrscheramtes gehabt hat. Als von Gott empfangenes Amt verpflichtet es den kurfürstlichen Träger zu höchster Verantwortung; das aber bedeutet im Bereiche der Rechtspflege: zu unbedingter Intention auf Gerechtigkeit, wozu in erster Linie die Gleichbehandlung aller Rechtssuchenden ohne Rücksicht auf Stand und Vermögen gehört. Dieses Rechtspflege-motiv bestimmt die höchstrichterliche Funktion des Landesherrn für die ganze Folgezeit des Ständestaates und des aus ihm her-vorgehenden Absolutismus. Versteht aber der Landesherr sein höchstrichterliches Amt aus dieser Verantwortung vor der Idee der Gerechtigkeit, so liegt es nahe, daß er von seinen Kammer-gerichtsräten, besonders je mehr sie der Rücksicht auf ihre stän-dische Herkunft überhoben und zu „beamteten" Richtern in der kurfürstlichen Ratsstube geworden waren, die gleiche Auffassung verlangt haben wird. In der Tat zeugt davon schon der Entwurf von 1516 und gewiß nicht weniger die Reformation von 1540. Für den rechtswissenschaftlich gebildeten Berufsjuristen hatte sich eine spezifische Richterethik im Zusammenhang mit den Rezep-tionsgesetzen zu entfalten begonnen. Sie wird in den religiös bewegten Zeiten des 16. Jahrhunderts aus theologischer Sicht mit tiefstem Ernst erfüllt. Das spiegelt sich in dem wider, was die Kammergerichtsordnung und andere Verlautbarungen über die Richterpflichten zu sagen wissen: Unparteilichkeit, unbedingte Rechtstreue, Gleichbehandlung aller Rechtssuchenden, völlige Distanz von den Interessen der Parteien, Unterdrückung jeder Rücksichtnahme auf persönliche Beziehungen und eigene Vor-teile. Die auf Vertragsrecht beruhende Stellung der beamteten Berufsjuristen hat dem Landesherrn die Möglichkeit gegeben, eine Justizaufsicht zu entwickeln, die selbst da, wo der Anstel-lungsvertrag auf eine bestimmte längere Zeit geschlossen worden war, zu jederzeitiger Amtsentsetzung hat führen können, wenn der Landesherr die Amtsausübung des betreffenden Richters zu beanstanden hatte.

4. Es charakterisiert die Verhältnisse des Ständestaates, daß auf den Landtagen die Vertreter der Stände in ihren Gravamina auch häufig Fragen der Rechtsprechung angesprochen haben. Die wissenschaftlich gebildeten Berufsjuristen („gemietete Doktoren") waren für die Stände, die ja durch jene aus den Richter- und Rats-Stellen mehr und mehr verdrängt wurden, vielfach ein Stein des Anstoßes, einmal wegen der Stärkung, die die kurfürstliche

Macht durch die rechtskundigen, im Disputieren geschulten und daher bei Verhandlungen über ständische Interessen sich oft als überlegen erweisenden Juristen erfahren hatte, ferner aber auch durch die mitunter namhaften Besoldungen, die den Ständen in Ausübung ihres Steuerbewilligungsrechtes Anlaß zu Beanstandungen geben konnten. Der Jurist mußte, mochte er auch beim Kurfürsten Rückhalt finden, sein Ansehen, seine soziale Stellung gegen die ihn als Gegner empfindenden Stände verteidigen. Aber er war Mitträger der letztlich gegen die ständischen Interessen gerichteten staatlichen Entwicklung auf der Seite der zum Absolutismus strebenden landesherrlichen Macht. Gerade deshalb waren die Zeitverhältnisse und die historischen Entwicklungskräfte der Stellung und dem Einfluß der Juristen günstig, zumal die mehr und mehr sich durchsetzende Herrschaft des römisch-italienischen Rechts in der Zivil- und Strafrechtspflege den „Rechtsverständigen" als einen völlig unentbehrlichen Träger der Rechtspflege – jedenfalls im Raume der höheren Gerichtsbarkeit – verlangte. Rechtsfindung und Rechtsentwicklung wird eine Angelegenheit rechtswissenschaftlichen, auf den Landesuniversitäten gelehrten und gepflegten Arbeitens. Die Juristenfakultäten sind dabei selbst in den Organismus der Rechtspflege eingeschaltet als Gutachter- und Rechtsbelehrungsgremien.

Dies alles ging nicht ohne häufig wiederholte Auseinandersetzungen vor sich, die sich auf den Landtagen zwischen den Repräsentanten der Stände und den kurfürstlichen Räten abspielten. Auch die Verhältnisse des Kammergerichts sind dabei vielfach zur Sprache gekommen. Die Stände haben im Kammergericht trotz des Vordringens des rechtsgelehrten Juristen in den Beisitzerstellen die ihren Interessen immer noch am meisten förderliche Institution gesehen. Ihre wirklichen oder vermeintlichen Rechte haben in prozessualen Auseinandersetzungen im kammergerichtlichen Verfahren sicher am besten verteidigt werden können, da ja der vorgeschriebene Schriftsatzwechsel reichlichste Gelegenheit zur ergiebigen Darlegung ihrer Rechtsstandpunkte gegeben hat; auch ist immerhin zu erwarten gewesen, daß rechtliche Darlegungen, von rechtsgelehrten Anwälten ausgearbeitet, seitens der rechtsgelehrten Beisitzer des Kammergerichts die richtige Würdigung finden würden.

Um so mehr bedeutete die höchstrichterliche Stellung des Kurfürsten eine Gefährdung der von den Ständen vertretenen rechtlichen Interessen. Wir haben gesehen, daß gegen Urteile des Kammergerichts im Wege der sogannten „Supplikation" oder „Appellation" ein Rechtszug an den Kurfürsten selbst ermöglicht gewesen ist. Es ist nun bezeichnend, daß die Reformation von 1540 für diesen Rechtszug und für das Verfahren vor dem Kurfürsten keine bindenden Formvorschriften vorgesehen hat. So hat von vornherein die Gefahr bestanden, daß sich die Supplikation als eine durch prozeßrechtliche Formen nicht gebundene Möglichkeit hat entwickeln können, die höchstrichterliche Gewalt des Kurfürsten zu einem Eingreifen auch in noch schwebende Verfahren, ja zu einer Sachentscheidung ohne jedes Verfahren zu veranlassen. In der Tat hat sich aus der Justizhoheit des Kurfürsten, aus seiner höchstrichterlichen Verantwortung für die Rechtspflege schon im 16. Jahrhundert diejenige landesherrliche Entscheidungsmethode entwickelt, die im 18. Jahrhundert, weil der Landesherr „ex plenitudine potestatis" das Recht zu jederzeitiger Betätigung seiner höchstrichterlichen Gewalt in Anspruch nahm, als „Machtspruch" bezeichnet worden ist. Man muß aber genau beachten: beim „Machtspruch" geht es dem Kurfürsten keineswegs darum, Macht vor Recht gehen zu lassen, das Recht also zu ignorieren und lediglich per viam potestatis bestimmte Interessen gegebenenfalls auch gegen das Recht durchzusetzen. Eine solche Auffassung hat den brandenburgischen Kurfürsten völlig fern gelegen. Wie sehr sie gerade ihre höchstrichterliche Funktion unter dem Gesichtspunkt strenger Verantwortung vor Gott als demjenigen gesehen haben, der von ihrer landesherrlichen Amtsführung Rechenschaft fordern würde, das zeigen ihre politischen Testamente, in denen sie ihre Regierungsgrundsätze für den Nachfolger aufgezeichnet haben und in denen die religiöse Fundierung ihres Amtes allenthalben das entscheidende, äußerst ernst genommene Grundmotiv gewesen ist, gerade soweit es sich um ihre Verantwortung für eine gerechte Ausübung der Rechtspflege gehandelt hat. Der „Machtspruch" stand also zum „Rechtsspruch", d. h. zum gerichtlichen Urteilsspruch, lediglich in einem *formalen* Gegensatz; *materiell* hat auch der Machtspruch der Gerechtigkeit dienen sollen, genau wie der Spruch eines Gerichtes. Im Machtspruch nimmt der Kurfürst als Träger

12

der Justizhoheit, als höchster Richter die Rechtspflege in einem bestimmten Fall in seine eigene *Zuständigkeit*. Das ist, da der Gedanke an einen „gesetzlichen Richter", an eine ausschließliche Zuständigkeit der *Gerichte* für alle Rechtsprechungsangelegenheiten noch völlig fern lag, nichts gewesen, was grundsätzliche Beanstandung hätte herausfordern können, und am wenigsten haben die im Kammergericht tätigen Räte sich durch die Machtspruchtätigkeit, mochte der Kurfürst damit auch in einen bei ihnen anhängigen Rechtsstreit eingreifen, irgendwie betroffen und in ihrer Berufsehre beeinträchtigt fühlen können.

Wenn dennoch die Machtsprüche des Kurfürsten bei den *Ständen* Anstoß haben erregen können, so deshalb, weil der Machtspruch zumeist nicht auf einer justizförmig-gründlichen Falluntersuchung beruhte, vielmehr oft das Ergebnis einer einseitigen, unvollständigen, vom parteilichen Interesse her bestimmten Information gewesen ist, die im Wege der „Supplikation" an den Kurfürsten gelangte. Da hat es sich denn immer wieder zeigen müssen, daß die auf eine Supplik hin ergehende Entscheidung fehlgriff, weil sie an den wirklichen Tatsachen des Falles vorbeiging. Wurden die Gerichte in ihrer Rechtsprechungstätigkeit durch solche Entscheidungen betroffen, so mußte durch umständliche Gegenvorstellungen versucht werden, den Kurfürsten *richtig* zu informieren, die Unrichtigkeit der bei ihm durch die Supplik hervorgerufenen, oft von Mißstimmung gegenüber dem Gericht begleiteten Vorstellungen zu rektifizieren und eine Beseitigung oder Korrektur der Supplikentscheidung herbeizuführen. Mit dieser fatalen Situation wurden die Kurfürsten immer wieder konfrontiert. Schon im 16. Jahrhundert haben denn auch die Bemühungen eingesetzt, die mit dem Supplikenwesen verbundenen Unzuträglichkeiten zu bekämpfen. Aber der Supplikant ist doch für den Landesherrn, der es mit seiner Justizhoheit ernst nahm und der über Mängel im Bereiche des Justizwesens unterrichtet sein wollte, eine unentbehrliche Figur gewesen, da es an einer straffen, in den Justizorganismus selbst eingebauten Dienstaufsicht über die Richter noch bis in 18. Jahrhundert hinein gefehlt hat, der Landesherr sich also noch lange jeder sich ihm bietenden, wenn auch in ihrer Fragwürdigkeit bekannten Gelegenheit bedienen mußte, um Einblick in die Rechtspflegetätigkeit der Gerichte zu gewinnen und gegebenen-

falls Anlaß zu nehmen zu einem – oft in der Tat sehr notwen-
digen – Eingreifen gegen dienstliche Säumigkeiten, Prozeßverschleppungen und wohl auch Schlimmeres.

Es ist sicher, daß das Mißtrauen, das im Zeitalter des Ständestaates die Haltung der Stände auf den Landtagen und den
Inhalt ihrer Gravamina bestimmte, ein nicht unwesentliches
Korrektiv der mit der Machtspruchpraxis des Landesherrn verbundenen, dem Recht und der Gerechtigkeit trotz besten landesherrlichen Willens oft abträglichen Verhältnisse gewesen ist.
Solange aber das von den Ständen eisern festgehaltene Steuer-
bewilligungsrecht den Kurfürsten zur Rücksichtnahme auf ständische Beschwerden gezwungen hat, ist der Gegensatz zwischen
dem Machtspruch-Interesse des Kurfürsten und dem gerade
gegen die Machtsprüche gerichteten Interesse der Stände an
unbeeinflußbarer *gerichtlicher* Tätigkeit immer wieder – mehr
oder weniger notdürftig – überbrückt worden. Eine Justizkatastrophe hat sich, da das Richtertum damals noch nicht zu
einer Opposition gegen den Machtspruch hat kommen können,
im Zeitalter des Ständestaates aus diesen Gegensätzlichkeiten
noch nicht entwickeln können. Das ist erst dem ausgehenden Zeitalter des Absolutismus vorbehalten gewesen.

5. Im Laufe des 16. Jahrhunderts erwies es sich als notwendig,
in der Altmark und in der Uckermark sogenannte Quartal-
gerichte einzurichten, die für diese Landesteile die Rechtsprechung
des Kammergerichts auszuüben hatten. Genauere Datierung der
Einrichtung dieser detachierten kammergerichtlichen Gerichtsbarkeit ist nicht möglich. Besondere Quartalgerichtsordnungen
sind offenbar zunächst nicht erlassen worden. Als 1585 die ucker-
märkische, 1602 die altmärkische Quartalgerichtsordnung erlassen wurde, haben diese Gerichte (mit der gleichen persönlichen
und sachlichen Zuständigkeit wie das Kammergericht) schon lange
bestanden. Bemerkenswert ist, daß die Einrichtung dieser Quar-
talgerichte dem Adel der betreffenden Landesteile noch einmal
Gelegenheit gab, bei der Besetzung der Gerichte die ständischen
Interessen ins Feld zu führen. Es genügte den Ständen nicht, daß
der adlige Landeshauptmann mit dem Vorsitz betraut wurde;
auch für die Beisitzerstellen wurde die Heranziehung von Räten
aus dem Adel der betreffenden Landesteile erstrebt, um den

Einfluß der kurfürstlichen Hofjuristen fernzuhalten. Aber der Kurfürst hielt sich schon nicht mehr an gelegentliche vage Versprechungen, die auf den Landtagen gegeben wurden, schickte vielmehr seine rechtsgelehrten Hofjuristen auch zu den Quartalssessionen und erreichte damit, daß die am Kammergericht selbst gepflogene Rechtsprechung sich gegen provinzielle Besonderheiten durchsetzen konnte, was vielfach auch das Absterben provinzieller Adelsprivilegien bedeutete.

Endlich ist noch zu bemerken, daß die Verselbständigung der Neumark unter Johann von Küstrin (1535–1571) zur Begründung eines besonderen Hof- und Kammergerichts in Küstrin geführt hat. Es hat in der Neumark die gleiche Funktion als höchste Gerichtsinstanz erhalten, wie sie dem kurmärkischen Kammergericht geeignet hat; auch setzte Johann die völlige Exemtion vom Reichskammergericht durch, obwohl das Appellationsprivileg der Goldenen Bulle nur für den brandenburgischen Kurfürsten und seine Lande galt. In einer mit Zustimmung der neumärkischen Stände erlassenen „Ordnung und Statut in Appellationssachen" vom 26. 9. 1553 wurde das Küstriner Kammergericht als „die gewöhnliche höchste Instanz" bezeichnet. Als Johann von Küstrin am 13. 1. 1571 (10 Tage nach seinem Bruder Joachim II.) starb, konnten Kur- und Neumark unter Johann Georg (1571–1598) wieder vereinigt werden; aber das Küstriner Kammergericht (später „Regierung") blieb bestehen, wie auch sonst die rechtlichen Verhältnisse und die behördlichen Einrichtungen der Neumark manche Eigentümlichkeiten bewahren konnten.

6. Wie das Kammergericht gegen Ende des 16. und in den noch vom Ständestaat geprägten Jahrzehnten des 17. Jahrhunderts immer wieder ein Streitgegenstand auf den Landtagen, in den Gravamina der Stände und in den dazu ergehenden Stellungnahmen des Kurfürsten gewesen ist, das im einzelnen darzustellen, kann nicht Aufgabe dieses Aufsatzes sein. Die Stände beanstandeten, daß der Kurfürst häufig „Ausländer" als „gemietete Doktoren" mit Ratsstellen am Kammergericht betraute und witterten in den nicht aus ihren eigenen Reihen gewählten Richtern Gegner ihrer Interessen in den ständig wiederkehrenden politischen Auseinandersetzungen mit dem um Festigung seiner landesherrlichen, insbesondere auch höchstrichterlichen Macht

besorgten Kurfürsten. Die Ansätze zu einer Kodifikation des
märkischen Rechtes in einer Landeskonstitution und der damit
zusammenhängende Versuch, auch die Kammergerichtsordnung
von 1540 zu revidieren, scheiterten sowohl unter dem stände-
freundlichen Kanzler Lampert Distelmeier (bald nach 1572), wie
auch unter seinem Sohn und Nachfolger im Kanzleramt, dem
ganz den landesherrlichen Interessen verschworenen Christian
Distelmeier (1594). Für die zwischen Landesfürst und Ständen
immer erneut aufbrechenden Uneinigkeiten hat das die Rechtspflege störende Supplikenwesen manchen begründeten Anlaß
gegeben. Den Ständen erschienen die Machtsprüche des Kurfürsten als Beeinträchtigung der im ordentlichen Gerichtsver-
fahren möglichen Verteidigung rechtlicher Interessen; der Kurfürst aber konnte und wollte sich aus seiner höchstrichterlichen
Position nicht verdrängen lassen, hatte also auch kein Interesse
daran, daß die Versuche, das Supplikenwesen im Zusammenhang
mit einer Revision der Kammergerichtsordnung von 1540 in
einigermaßen geregelte, die Funktion der kammergerichtlichen
Rechtsprechung sichernde Bahnen zu bringen, durchgeführt
wurden. Wirkliche Erfolge haben die Stände auf den Landtagen
von 1602 und 1611 insofern erringen können, als ihnen zugesagt
werden mußte, daß Strafverfahren gegen sie nicht in einem
summarischen, von den Fiskalen durchzuführenden Inquisitions-
verfahren durch kurfürstliches Urteil erledigt werden sollten,
daß ihnen vielmehr ein „ordinarius processus", d. h. ein Anklageverfahren mit Schriftsatzwechsel verstattet wurde. Die Rechtsprechung des Kammergerichts ist dadurch freilich nicht berührt
worden, da es weiterhin lediglich in Lehns- und Zivilsachen zu
judizieren hatte. Die Entwicklung des materiellen Rechts steht
in jener Zeit noch ganz im Zeichen der Rezeption. Die projek-
tierten Landeskonstitutionen der beiden Distelmeier haben in
diesem Sinne die rezipierten Grundsätze festigen, zugleich aber
auch die weiterhin geltenden deutschrechtlichen Rechtsgedanken
konservieren sollen. Was insofern die Distelmeierschen Entwürfe
bezweckt haben, ist durch das 1608 erschienene Werk des
Joachim Scheplitz „Etzliche Statuta und Gewohnheiten der Chur
und Marcke Brandenburg" in den Gerichtsgebrauch, also besonders auch in die Rechtsprechung des Kammergerichts als maß-
gebende Leitlinie eingedrungen. Dieses Buch hat das unvollendet

gebliebene Werk des Lampert Distelmeier verherrlichen sollen.
Für die Erkenntnis der damaligen Verfassung des Kammergerichts und der hier bestehenden prozessualen Grundsätze ist es,
abgesehen von einer eingehenden Behandlung der an das Kammergericht gehenden und der gegen kammergerichtliche Entscheidungen zulässigen Appellationen, wenig ergiebig.

III. Das Kammergericht im Zeitalter des Absolutismus

1. Noch in ständischer Zeit haben sich in der brandenburgischen Geschichte zwei, auch für die Rechtsentwicklung und für
den Sinngehalt der kurfürstlichen Regierung bedeutsame Ereignisse zugetragen: einmal die räumliche Erweiterung des
landesherrlichen Herrschaftsbereiches durch die Erwerbungen von
Kleve, Mark, Ravensberg (Vergleich von Xanten 1614) und des
Herzogtums Preußen, des ehemaligen Ordenslandes (1618); so-
dann der Übertritt des Kurfürsten Johann Sigismund (1608 bis
1618) zum Calvinismus. Ob dieser Entschluß Johann Sigismunds
ausschließlich aus innerer Überzeugung erfolgt ist oder ob dabei
auch eine gewisse politische Rücksicht auf die konfessionellen
Verhältnisse in den westlichen Erwerbungen mitbestimmend
gewesen ist, bleibe hier dahingestellt. Ohne daß bei den Ständen
und der Geistlichkeit in der Kurmark und in Preußen heftigste
Erregung entstand, hat sich der Konfessionswechsel jedenfalls
nicht vollziehen können. Eine Aufzwingung der reformierten
Lehre nach dem jus reformandi ist aber von vornherein nicht in
Frage gekommen, weil dem Kurfürsten als einem Reformierten
dieses Recht nach den Beschlüssen des Augsburger Religionsfrie-
dens gar nicht zustand. Im Revers vom 15. 2. 1615 hat der Kurfürst den lutherischen Ständen das ungestörte Verbleiben bei der
Augsburgischen Konfession und dem Konkordienbuche zu-
gesichert, andererseits aber auch die Abstandnahme von jeder
Feindseligkeit gegenüber den Reformierten gefordert. Alles in
allem aber ist mit der Sanktionierung des Toleranzprinzips doch
ein wichtiger Schritt mit nachhaltender Wirkung für die inner-
staatlichen Verhältnisse Brandenburg-Preußens vollzogen
worden.

Zu den Erwerbungen von 1614 und 1618 kamen im West-
fälischen Frieden (1648) die Erwerbung von Hinterpommern,
Halberstadt und Minden sowie die Erlangung der Anwartschaft
auf Magdeburg (endgültiger Erwerb 1680); 1657 wurden auch
Lauenburg und Bütow (als polnische Lehen) erworben. Der den
schwedisch-polnischen Krieg beendende Friede von Oliva (1660)
brachte mit der Freiheit von polnischer Lehnshoheit die Möglichkeit, in den östlichen Erwerbungen die kurfürstliche Souveränität
endgültig zu befestigen. Dies aber erforderte zugleich die Beseitigung jedes ständischen Regierungseinflusses, zu dem das Steuer-
bewilligungsrecht der Stände reiche Möglichkeit gegeben hatte.
Kurfürst Friedrich Wilhelm, der Große Kurfürst (1640–1688),
hat in vielfach sehr stürmischen und gefährlichen Auseinandersetzungen mit den Ständen, insbesondere denen in Ostpreußen
und in Kleve-Mark, die absolutistische Regierungsform begründet und damit zugleich die Voraussetzung dafür geschaffen, daß
aus den in loser Personalunion zusammenhängenden vom Rhein
bis zur Memel verstreut liegenden Länderfetzen ein Gesamtstaat
hat entstehen können, der auf der absoluten Regierungsgewalt
des Kurfürsten, dem von ständischen Indigenatsansprüchen los-
gelösten, allein dem Kurfürsten untergebenen Beamtentum und
dem von Friedrich Wilhelm den Ständen gegenüber durch-
gesetzten stehenden Heere mit einem vom Kurfürsten eingesetzten, ihm allein gehorsamspflichtigen Offizierskorps beruhte. 1701 hatte Kurfürst Friedrich III. die Königswürde in
Preußen erlangt. Aber aus dem „König *in* Preußen" wurde sehr
bald der „König *von* Preußen"; der brandenburgisch-preußische
Gesamtstaat wurde das „Königreich Preußen", und „die Behör-
den und die Armee erhielten dadurch, daß sie nun königlich
wurden, einen unaufhaltsamen Trieb zur Einheit des Ganzen
eingepflanzt".

2. Für die Entwicklung des Rechts- und Gerichtswesens ist es
angesichts der zur absolutistischen Herrschermacht und Regierungsform entwickelten landesherrlichen Stellung von ganz ent-
scheidender Bedeutung gewesen, von welchen Grundsätzen sich
die Landesherrn in bezug auf Recht, Rechtsprechung, Richtertum
und Gerichtsbarkeit haben leiten lassen. Hier zeigen uns die
politischen Testamente der brandenburg-preußischen Herrscher,
daß auch die Durchsetzung der absolutistischen Regierungs-

2 Schmidt, Kammergericht

gewalt im stark erweiterten Staatsgebiet nichts an dem hohen Verantwortungsbewußtsein geändert hat, das die Sorge für die Rechtspflege seit jeher bei den Kurfürsten bestimmt hatte. Vom Großen Kurfürsten bis zu Friedrich Wilhelm I. (1713–1740) ist es die aus tiefster *religiöser* Verpflichtung und aus *theokratischer* Auffassung vom Herrscheramt hervorgehende Anschauung, bei Friedrich dem Großen (1740–1786) die Geistigkeit der *Aufklärung* (Rationalismus, Humanitätsideal), die die landesherrliche Verantwortung für die Rechtspflege zu strenger Justizaufsicht und zu oft sehr persönlichen Eingriffen in die Gestaltung und die Methoden der Rechtspflege veranlaßt hat.

Im politischen Testament des Großen Kurfürsten vom 19. 5. 1667 lesen wir: „Die liebe Justicie lasset Euch in allen Eweren Landen hochlichen befollen sein, vndt sehet dahin, damitt so woll den Armen als Reichen ohne ansehung der persohn, recht verschaffet werde, vndt das die processen beschleuniget, vndt nicht aufgehalten werden mogen, den das befestiget die Stülle der Regenten. Vndt weil Ihr wegen Ewerer anderen Regirungs-geschefte, die Justits Sachen selten horen konnet, so gebet fleissig acht auf die Räthe, so dazu bestellet sein, vndt wan Ihr erfahret, das Sie Sich corrumpiren lassen, vndt mitt der Justits nicht recht vmbgangen seindt, So straffet dieselbigen dergestaldt, das Sich alle andere dauor zu spiegelen haben, wurde aber einer auß boßheit vber die Rähtte klagen, so ist derselbe auch billig zu-straffen, damit der Justits Ihr gebuhrender respect verbleibe, vor allen dingen huttet Euch, das Ihr in Justits Sachen keinen be-scheidt ertheilet, es sey dan des kegentheill zuforderst mitt seiner Verantworttung vernommen."

Man darf ohne Übertreibung feststellen, daß in diesen Sätzen des politischen Testaments die gesamte, den absolutistischen Staat charakterisierende Problematik des Rechtswesens, des Verhält-nisses zwischen Landesherr und Richtertum, des Sinnes landes-fürstlicher Justizaufsicht und der höchstrichterlichen Funktion des Landesherrn in die Erscheinung tritt. Das ist für diese Unter-suchungen um so bedeutsamer, als gerade dem Kammergericht aus *dieser* Problematik seine welthistorische Bewährungsprobe erwachsen ist.

3. Bevor dies darzustellen ist, werfen wir einen kurzen Blick auf die Eingliederung des Kammergerichts in den durch den

Länderzuwachs bedeutend vergrößerten, aber auch komplizierter gewordenen brandenburg-preußischen Justizorganismus. Die politische Entwicklung des brandenburg-preußischen Gesamtstaates brachte die Unabhängigkeit von der Reichsgerichtsbarkeit mit sich, indem neben den Kurlanden und dem ohnehin reichsunabhängigen Preußen auch die anderen neuerworbenen Landesteile ihre privilegia de non appellando erhielten. 1746/50 ist diese Entwicklung beendet gewesen. Die brandenburg-preußische Gerichtsbarkeit charakterisiert sich aber zunächst dadurch, daß die ursprüngliche Selbständigkeit der einzelnen Landesteile sich in entsprechenden selbständigen unverbundenen obersten Gerichtsbarkeiten widerspiegelt. So bestand in Preußen ein „Hofgericht", an dessen Stelle 1657 ein Oberappellationsgericht in Königsberg getreten ist. Ein besonderes Oberappellationsgericht mit dem Sitz in Berlin erhielt die Grafschaft Ravensberg, während für die anderen westlichen und mitteldeutschen Gebiete 1703 ein über den einzelnen „Regierungen" stehendes *gemeinsames* Oberappellationsgericht in Berlin, für die zur sogenannten oranischen Erbschaft (Fürstentum Mörs, Grafschaft Lingen, 1707 erworben) gehörenden Lande das sogenannte „Orange-Tribunal" (ebenfalls in Berlin) gegründet wurde.

Für das Kammergericht der Kur- und Mark Brandenburg wurde am 1. 3. 1709 eine neue Kammergerichtsordnung erlassen, die im Grunde genommen nichts Neues bot, freilich auch in den Bestimmungen über die Besetzung des Gerichts den Ständen noch immer Konzessionen machte. An der rein zivilrechtlichen Zuständigkeit hat die Kammergerichtsordnung von 1709 ebenfalls nichts geändert. Die von Friedrich Wilhelm I. geplante Zusammenlegung des Kammergerichts mit den oben bezeichneten, in Berlin befindlichen Oberappellationsgerichten scheiterte teils aus jurisdiktionellen, teils aus personellen Gründen. So ist das Kammergericht für die Kurlande auch weiterhin das oberste Tribunal geblieben. Eine Änderung seiner inneren Struktur ist freilich unter Cocceji erfolgt, der 1722 Präsident des Kammergerichts geworden war und die weittragenden Pläne einer durchgreifenden Erneuerung des preußischen Justizwesens und Richtertums an diesem seinem Gericht erstmals in der Weise realisierte, daß die Stellung des Präsidenten, der bisher nur primus inter pares gewesen war, zu derjenigen eines Vorgesetzten aller Räte mit

entsprechender Disziplinargewalt erhoben wurde. Cocceji hatte
die Notwendigkeit erkannt, durch eine mit äußerster Rücksichts-
losigkeit durchzuführende Personalreform das Richtertum, jedenfalls im Bereiche der Obergerichtsbarkeit, auf ein juristisch und
personell ganz erheblich höheres Niveau zu bringen, die Arbeitsdisziplin zu verschärfen, dadurch die Prozeßführung zu beschleu-
nigen, für die Aufarbeitung jahrelang unerledigt gebliebener
Streitsachen zu sorgen und mit alledem auch eine Erneuerung
des materiellen und prozessualen Zivilrechts in Gang zu bringen.
Mit seinem ungewöhnlichen Diensteifer, seinem überragenden
juristischen Können, seiner unbestechlichen Pflichttreue hat er
unter Friedrich Wilhelm I. und Friedrich d. Großen die dem
Gesamtstaat entsprechende Erneuerung der Rechtspflege maßgeblich gefördert. Das Vertrauen beider, von einander so verschiedenen Könige hat er restlos genießen dürfen. 1737 wurde
er zum „Ministre Chef de Justice" ernannt, womit er als leiten-
der verantwortlicher Minister an die Spitze des für die gesamt-
staatliche Justizverwaltung eingesetzten Justizdepartements trat.
Friedrich d. Große, der ihm, dem „neuen Tribonian", ungewöhn-
liches Lob zollte, ernannte ihn am 21. 8. 1747 zum „Großkanzler", um damit seine besondere Verantwortung, aber auch seine
weitreichende dienstliche Macht in rechtes Licht zu setzen.
Cocceji hat nun der Gesamtstaatsidee des preußischen Staates
dadurch Rechnung getragen, daß er der schon von Friedrich Wilhelm I. gesamtstaatlich ausgerichteten Organisation der *Verwal-
tungsbehörden* auch *im Bereiche der Justizverfassung* einen Ge-
richtsaufbau folgen ließ, durch den die bis dahin unverbundenen,
für die verschiedenen Landesteile zuständigen Spitzengerichte
vereinigt wurden und ein für den Gesamtstaat zuständiges höch-
stes Gericht eingerichtet wurde. So kam es 1748 zur Begründung
des sogen. „Großen Friedrichs-Kollegium", in welchem das Kammergericht und die in Berlin befindlichen Oberappellations-
gerichte zusammengeschlossen wurden. Dabei trat das Kammergericht mit 3 Senaten in dieses insgesamt aus 4 Senaten bestehende Gericht ein. Da der 4. Senat für alle preußischen Landesteile außer Ostpreußen (wo das Königsberger „Tribunal" zunächst noch eine Sonder-Oberinstanz blieb) als sogen. „Ober-
tribual" die höchste gerichtliche Instanz bildete, so stellten die
aus dem Kammergericht entstandenen 3 Senate nunmehr Mittel-

instanzen dar. Aber eine organische Justizorganisation mit einer einheitlich für alle „Preußischen Staaten" zuständigen Spitze wurde erst erreicht, als 1782 die unorganische Verbindung des Kammergerichts mit dem Obertribunal aufgelöst, das letztere als „Geheimes Obertribunal" höchste Instanz für die gesamte Monarchie wurde und in den einzelnen Provinzen das Kammergericht, das ostpreußische Tribunal, die schlesischen Oberamtsregierungen, in anderen Landesteilen die Regierungen als Mittelinstanzen fungierten.

Für das Kammergericht war es von besonderer Bedeutung, daß es seit seiner Einordnung in Coccejis Großes Friedrichskolleg auch mit Strafsachen befaßt war. Das war der Abschluß einer eigenartigen Entwicklung der Strafgerichtsbarkeit. Wir wissen, daß der Landesherr an einer seinen staatlichen Intentionen, seiner besonderen Sorge für geordnete rechtliche Zustände entsprechenden Verbrechensbekämpfung seit jeher ein ganz besonderes Interesse hatte. Gerade hier nahm er seine oberstrichterliche Gewalt besonders ernst. Die strafgerichtlichen Untersuchungen ließ er sehr häufig durch Fiskale, sonst durch von ihm bestimmte Kommissionen oder einzelne Räte durchführen. Seit 1658 hatte sich hierfür aus dem Geheimen Rat (begründet 1604, reorganisiert 1651) ein besonderer sogen. „Geheimer Rat zu den Verhören" entwickelt, der dann zum sogen. „Criminal-Colleg" geworden war. Dieses Kriminalkolleg aber ging nun in dem 1. Senat des Großen Friedrichs-Kollegs auf, wurde also damit als „Kriminalsenat" ein Bestandteil des Kammergerichts. Seiner ganzen Entwicklung nach war dieser mit Strafsachen befaßte Kriminalsenat des Kammergerichts nun ein unmittelbar unter dem König stehendes Kriminalgericht für alle schwereren Straftaten geworden, freilich – und das muß stark beachtet werden – mit der Maßgabe, daß die eigentliche *Entscheidung* in Strafsachen stets der König selbst zu treffen hatte. Denn das schon im 16. Jahrhundert entstandene „Bestätigungsrecht" wurde in keiner Weise aufgegeben. Das aber bedeutete, daß der Kriminalsenat zwar den einzelnen Fall nach den Grundsätzen des Inquisitionsprozesses (Preuß. Kriminalordnung von 1717) zu untersuchen, auch ein „Urteil" zu finden hatte; aber damit war nur die königliche Entscheidung *vorbereitet;* denn dem König waren grundsätzlich alle auf peinliche Strafen lautenden Urteile vorzulegen, und es stand in seiner

Macht, das Urteil entweder zu bestätigen oder aber in bonam oder in malam partem abzuändern oder aber eine neue gerichtliche Untersuchung anzuordnen. Erst der *König* schloß also mit einer unter eigener *richterlicher* Verantwortung ergehenden Entscheidung das einzelne Strafverfahren ab; er ist die in die Strafrechtspflege *organisch* eingebaute *letzlich entscheidende richterliche Instanz* gewesen; mit seiner Entscheidung griff er nicht in die Rechtsprechungszuständigkeit des ihm vorbereitende Arbeit leistenden Kriminalsenats ein, vielmehr brachte er seine eigene richterliche Zuständigkeit zum Einsatz, ohne deren Inanspruchnahme ein Kriminalverfahren gar nicht hat abgeschlossen werden können. Er fällte damit keinen „Machtspruch" im Sinne einer die gerichtliche Zuständigkeit *beseite schiebenden* und *ignorierenden* Ausübung landesherrlicher Gewalt, vielmehr erfüllte er im Rahmen eigener strafrechtlicher Zuständigkeit die ihm aus dem Bestätigungsrecht erwachsene richterliche Funktion.

Gerade darin zeigt sich der große Unterschied des Verhältnisses des Königs zur Zivilrechtspflege. Die staatspolitischen Interessen des Landesherrn wurden durch die Zivilrechtspflege bedeutend weniger berührt als durch die Strafrechtspflege. So spielte sich die erstere durchaus im Banne der *gerichtlichen Zuständigkeiten* ab. Das für die Strafsachen so wichtige Bestätigungsrecht galt für Zivilsachen nicht. Allerdings konnte, wie schon gezeigt, der Landesherr um eine höchstrichterliche Entscheidung auch hier im Wege der „Supplikation" angerufen werden. Da diese aber nicht einen justizförmig gestalteten Rechtsmittelweg darstellte, so bedeutete sie für den Landesherrn nichts anderes, als daß sein Interesse für den betreffenden Zivilrechtsstreit angeregt werden sollte. Das aber konnte durch „Supplikation" auch völlig abseits aller prozessualen Vorgänge geschehen. Und wenn der Landesherr sich dann aus irgendeinem Interesse der Sache annahm, so konnte er „ex plenitudine potestatis" (d. h. durch „Machtspruch") entweder selbst die Sache entscheiden oder aber dem zuständigen Zivilgericht eine *Anweisung* geben, *wie es den Sachverhalt anzusehen und wie es ihn rechtlich zu beurteilen habe.* Solche Anweisung strictissime zu befolgen, war für das Richtertum zunächst durchaus eine Selbstverständlichkeit. Der Wille des Herrschers, der ja immer zugleich Gesetz war, konnte also durch Einfluß-

nahme auf die gerichtliche Entscheidung im Bereiche der Zivilrechtspflege maßgebliche Bedeutung erlangen.

4. Bis in die Regierungsanfänge Friedrichs des Großen hinein ist dieses Verhältnis zwischen Justiz und Landesherr von
unangefochtener Selbstverständlichkeit gewesen. Aber nach 1740
sind nun entscheidende Wandlungen eingetreten. Dafür ist dreier-
lei maßgebend gewesen:

a) Coccejis rigorose Personalpolitik hatte zur Folge, daß aus
den Obergerichten die Gerichtsmitglieder, die ihren Platz nicht
erwiesener juristischer Befähigung, sondern ihrer adligen Herkunft verdankten und es zur Gewohnheit hatten werden lassen,
daß sie sich mehr auf ihren Gütern, als in den Gerichtsstuben
aufhielten, rücksichtslos entfernt und daß die Arbeitsdisziplin
der zu ständiger Anwesenheit verpflichteten juristisch ausgebil-
deten Räte aufs äußerste angespannt wurde. Versager – sei es
mangels hinreichenden juristischen Könnens, sei es wegen unge-
nügenden Diensteifers – wurden ohne Umstände entlassen. Die
Folge ist gewesen, daß in den Obergerichten in Berlin ein Richtertum entstand, das auf Grund seiner rechtswissenschaftlichen Befähigung und seiner dementsprechenden richterlichen Leistungen
zu einem *Standesbewußtsein* gelangte, wie es bis dahin sich nicht
hat entwickeln können. Das Kammergericht aber wurde unter
Coccejis Präsidentschaft und vorbildlichen Leitung ein anerkann-
tes Elitegericht.

b) Ein Richtertum solcher Art sah seine Verantwortung vor
Recht und Gerechtigkeit in neuem Licht. Was in casu rechtens
ist, das sagt ihm sein wissenschaftlich geschulter Rechtsverstand
und sein richterliches Gewissen. Landesherrliche „Machtsprüche",
die in *der* Weise erfolgen, daß die Richter in einem bestimmten
Falle angewiesen wurden, *wie sie den tatsächlichen Sachverhalt
aufzufassen und wie sie ihn rechtlich zu bewerten hätten,* mußten
solcher richterlichen Haltung nunmehr unerträglich erscheinen.
Was als „Machtspruch" in diesem Sinne bislang bedenkenlos
hingenommen worden war, erfuhr also in den Vorstellungen
dieses Richtertums eine deutliche Abwertung.

c) Dieser Einstellung der hohen und höheren „Justizbedienten" aber kam nun die Entwicklung der die Rechtspflege betreffenden Anschauungen des Königs selbst in glücklichster Weise ent-

gegen. Friedrich hatte in den Jahren 1747 und 1748 noch zwei-
mal durch ganz echte Machtsprüche in zivilrechtliche Entscheidungen der zuständigen Gerichte eingegriffen. Aber gerade das
Jahr 1748 bahnte bei ihm den Umschwung an. In diesem Jahr
erschien Montesquieus Esprit des Lois, ein Werk, dessen auf-
klärerischer Geist den jungen König, auf den schon die im Jahre
1721 erschienenen Lettres persanes größten Eindruck gemacht
hatten, außerordentlich faszinierte. Jetzt ging ihm die Fragwürdigkeit der Machtsprüche auf. Und so bekannte er in seinem
politischen Testament von 1752, daß in den Gerichten „die
Gesetze zu sprechen, der Herrscher aber zu schweigen hätte".
Tatsächlich hat der König seit 1748 in Zivilsachen keinen Machtspruch mehr gefällt. Er hat geduldet, daß durch die sicher mit
seinem Willen im Jahre 1765 anonym erscheinenden „Réflexions
philosophiques" seines Großkanzlers de Jariges in denkbar
schärfster Weise die königlichen Machtsprüche als „ungesetzlich
und der Staatsverfassung widersprechend" verwerfen konnten;
er hat selbst in seinem politischen Testament von 1768 schärfer
als 1752 den Machtsprüchen erneut entsagt, und hat in der die
westpreußischen Justizverhältnisse regelnden Verordnung vom
28. 9. 1772 es als „ersten Grundsatz Unserer allgemeinen Justizverfassung" bezeichnet, „daß in keiner Sache mehr als drei Instanzen statthaben und daß, was in letzter Instanz erkannt ist,
keiner weiteren neuen Erörterung und Beurteilung unterworfen
werden könne". Und dieses Prinzip wurde gekrönt durch die
Erklärung: „Wir selbst oder Unser Etatsministerium geben keine
Entscheidungen, so die Kraft einer richterlichen Sentenz haben."
Freilich – und das wolle man genau beachten – galten diese
Prinzipien *ausschließlich für die Zivilrechtspflege.* Die oben dar-
gelegten Grundsätze der Strafrechtspflege, in die die oberstrichterliche Entscheidung des Königs *organisch* eingebaut gewesen ist,
wurden durch die Absage an die Machtspruchpraxis im zivil-
gerichtlichen Gebiete in keiner Weise beeinflußt oder geändert.

5. Indessen konnte es, nachdem im Bereiche der Zivilrechtspflege die ausschließliche Rechtsprechungsfunktion der Gerichte
anerkannt und der Machtspruchpraxis ein Ende gesetzt war,
nicht ausbleiben, daß es die dem Kriminalsenat angehörenden
Kammergerichtsräte als mit ihrer strafrichterlichen Funktion un-

vereinbar erachten mußten, daß ihre eigenen *richterlichen* Feststellungen und Wertungen *durch Weisungen seitens des Königs dirigiert* wurden. Warum sollte das, was in Gestalt solcher Weisungen für die Richter der Zivilgerichte ein nicht mehr erträglicher Machtspruch war, für den Richter in Strafsachen etwas anderes bedeuten? Mochte der König, *nachdem* der Kriminalsenat unter eigner, *unbeeinflußter* richterlicher Verantwortung eine Sache erforscht und beurteilt hat, immerhin in Abweichung hiervon seine eigene höchstrichterliche Funktion wahrnehmen und die richterliche Verantwortung für seine eigene, von derjenigen des Kriminalsenats abweichende Auffassung maßgeblich zur Geltung bringen! Das zu beanstanden, hat für das Richtertum noch kein Anlaß bestanden. Aber *solange* eine Strafsache *beim Kriminalsenat* zur Untersuchung und Beurteilung anstand, hatte nach geläuterter richterlicher Auffassung auch hier der Satz zu gelten, daß die *Gesetze* und nicht der Wille des Herrschers zu „sprechen" hätten. Aus dieser Stimmung und aus dieser Auffassung von *jeder* Art Richteramt hat der Konflikt zwischen König und Kammergericht entstehen müssen, der aus Anlaß der Prozesse des Müllers Arnold sich entwickelt hat.

6. Um aber die Situation, vor deren Hintergrund dieser Konflikt entstanden ist, völlig zu verstehen, ist darzulegen, welche Rolle dabei das vom König in eigener landesherrlicher Verantwortung ausgeübte *Justizaufsichtsrecht* gespielt hat.

Die „Justizbedienten" sind beamtete Untergebene des Königs gewesen, wie die Verwaltungsbeamten und die Offiziere der Armee auch, unterstanden also der disziplinarischen Aufsicht des Königs und konnten jederzeit ohne Angabe von Gründen ihres Amtes entsetzt werden. Seitdem Cocceji als Präsident des Kammergerichts selbst die Disziplinargewalt über die ihm unterstellten Räte in die Hand genommen hatte und schließlich als Großkanzler an die Spitze des Justizdepartements getreten war, erachtete es der König freilich in erster Linie als Aufgabe des Großkanzlers, nach Maßgabe seiner, des Königs, sattsam bekannten Prinzipien die Justizaufsicht auszuüben. Des Königs wichtigste Anliegen aber sind dabei gewesen: unbedingte Gleichbehandlung von Reich und Arm; größtmögliche Beschleunigung aller Prozesse durch äußersten Fleiß der Richter und durch Verhinderung aller advokatorischen „Subterfugien" und „Chicanen".

Aber der König, mit zunehmendem Alter auch den höchsten
Beamten gegenüber stets zu Mißtrauen geneigt, hatte in den
politischen Testamenten seine eigene Pflicht, über die Leistungen
und die Haltung der Richter nach Maßgabe der erwähnten Prinzipien streng zu wachen, aufs schärfste betont. Eine Kontrolle
der Richter ermöglichten ihm natürlich zunächst die pflicht-
gemäßen Berichte der Großkanzler. Aber damit hat sich der
König nicht begnügt. Bei allen Verwaltungs- und Gerichtsbehör-
den waren Fiskale angesetzt, die hier nicht nur alle Gesetz- und
Ordnungswidrigkeiten der königlichen *Untertanen* zur Anzeige
und zur Ahndung bringen, sondern auch als „Auge und Ohr des
Königs" auf Grund eines ihnen in weitestem Ausmaß übertra-
genen „Gesetzeswächteramtes" auch die Pflichterfüllung, den
Diensteifer, die korrekte amtliche Arbeit aller *Beamten* und
Richter überwachen sollten, um gegebenenfalls dem König ein
Einschreiten gegen Säumige schnellstens zu ermöglichen. Das
Fiskalat entwickelte sich daher gerade in Brandenburg-Preußen
zu einer riesigen Behörde, die seit 1704 von einem Generalfiskal
als einem dem König unmittelbar unterstellten Beamten geleitet
wurde.

Aber gerade für die Justizaufsicht genügte dem König auch die
Überwachungstätigkeit dieses Fiskalats nicht. *Alle* Erkenntnis-
möglichkeiten sollten genutzt werden, damit kein Anlaß zur
Ergreifung von Maßnahmen der Justizaufsicht verabsäumt
wurde. Daher ließen die Landesherren trotz aller immer wieder
gemachten übelsten Erfahrungen auch das Supplikenwesen
weiter bestehen.

7. Damit aber geriet das Richtertum, gerieten die Großkanzler in eine doppelte Frontstellung:

a) Cocceji ist es gewesen, der den unter dem Generalfiskal
Gerbett überspannten Tendenzen des Fiskalats, eine allmächtige
Dienstaufsicht über Verhalten und Leistungen der Richter gerade
auch bei den Spitzengerichten an sich zu reißen, mit Geschick und
Erfolg entgegentrat. Er hat Gerbetts äußerst anmaßendes Auf-
treten nur als einen Eingriff in seine eigene, ihm als Präsidenten
des Kammergerichts bzw. als Großkanzler obliegende Funktion
ansehen können und mußte sich *persönlich* verletzt fühlen, nachdem er lange vor Gerbetts Amtsantritt (1731) die personellen

richterlichen Verhältnisse gerade des Kammergerichts entscheidend verändert und geordnet hatte. Nachdem es Cocceji gelungen war, schwere dienstliche Vergehen Gerbetts aufzudecken, die zur schimpflichen Kassierung dieses Generalfiskals durch ein vom König bestätigtes Urteil des Kriminalkollegs (1739) führten, hatte sich die Justiz dem Fiskalat gegenüber durchgesetzt und die vom Fiskalat betätigte Dienstaufsicht abgeschüttelt.

b) An der zweiten Front aber, die sich gegen das Supplikanten- und Querulantenwesen richtete, hatte die Justiz den gleichen Erfolg *nicht*. Es wäre ja auch nur dadurch unschädlich zu machen gewesen, daß man den König zur vollständigen Unterdrückung dieses Unwesens durch prinzipielle Ignorierung jeder Art von Supplik und durch Bestrafung der Überbringer von Suppliken und Memorialien veranlaßt hätte. Daran aber ist auch unter Friedrich dem Großen nicht zu denken gewesen; das Mißtrauen des Königs konnte und wollte auf diese trübe Quelle von Informationen über mögliche Unzulänglichkeiten und Mißstände im Justizwesen (wobei der König ganz besonders an die schwer verpönten Prozeßverschleppungen dachte) auf keinen Fall verzichten. Immer wieder haben sich Großkanzler und Gerichte genötigt gesehen, die durch Suppliken hervorgerufene einseitig-schiefe Auffassung des Königs durch Gegenvorstellungen und mühsame Richtigstellungen zu rektifizieren.

8. In der Justizkatastrophe von 1779 sind alle Spannungen, die sich aus dem Festhalten des Königs an seiner persönlichen, auf Suppliken gestützten Justizaufsicht haben ergeben müssen, zur Explosion gekommen.

Der Wassermüller Arnold aus Pommerzig, Kreis Züllichau, war mit seinem Grundherrn, dem Landrat von Schmettau, wegen nicht gezahlter Mühlenpachtzinse in Rechtstreitigkeiten geraten. Die Sache ging durch drei Instanzen und endete zu Ungunsten Arnolds bei dem für diese Zivilprozesse zuständigen Senat des Kammergerichts. Arnold aber hatte es durch beharrliche Querelen verstanden, das Interesse des Königs auf seine Sache zu lenken. Ihm kam dabei zugute, daß der König durch einen von ihm veranlaßten Bericht eines Obersten v. Heucking zu der festen Überzeugung gelangt war, daß in dieser Sache die beteiligten Justizorgane sich nicht nur ungeheuerliche Prozeßver-

schleppungen, sondern auch eine parteilich-ungerechte Bevor-
zugung des Grafen Schmettau vor dem armen Wassermüller
haben zuschulden kommen lassen. Ungeschicktes, den Ernst der
Situation nicht begreifendes Verhalten des zu Berichten aufgefor-
derten Senates des Kammergerichts ließ den König die queru-
latorische Natur der von Arnold vorgebrachten Beschwerden
verkennen, bestärkte ihn vielmehr in der durch den ganz ein-
seitig-parteilichen Bericht v. Heuckings gefestigten Überzeugung,
daß er einer unter seinem Namen begangenen schmählichen
Rechtsbeugung der für den Ablauf der Arnoldschen Prozesse
verantwortlichen Justizbediensteten auf die Spur gekommen sei.
Diese Überzeugung wurde ihm zur völligen Gewißheit in einem
von ihm persönlich in gereiztester Stimmung veranstalteten Verhör mit dem Großkanzler v. Fürst und den Kammergerichts-
räten Ransleben, Friedel und Graun. Dieses Verhör endete nicht
nur mit schimpflichster Entlassung des Großkanzlers, sondern
auch mit der vom König befohlenen Verhaftung der drei Kammergerichtsräte, die an dem letzten gegen Arnold ergangenen
Appellationsurteil des zuständigen Senats des Kammergerichts
mitgewirkt hatten. Der König war überzeugt, daß sie sich übelster
Rechtsbeugung schuldig gemacht hatten, bezog aber diese Überzeugung auch auf diejenigen Räte der neumärkischen „Regierung", die in der Vorinstanz zuungunsten Arnolds entschieden
hatten; nämlich die Räte Busch, Neumann, Scheibler und Bandel.
„Erwiesene" Rechtsbeugung aber erforderte strengste Bestrafung.
Der König, der von deren unbedingter Notwendigkeit überzeugt
war, hätte diese, zumal er ja in einem persönlichen Verhör seine
Rechtsauffassung gebildet hatte, als der an keinen Instanzenzug
gebundene höchste Strafrichter sofort selbst aussprechen können.
Er tat dies indessen nicht, wollte vielmehr zunächst den Kriminalsenat des Kammergerichts in der Sache sprechen lassen. Und
hier geschah nun das, was die Angelegenheit zu einer Affäre von
außerordentlicher Bedeutung werden ließ: der König ordnete
nicht nur an, *daß* der Kriminalsenat den Fall untersuchen und
je nach dem dabei gewonnenen Ergebnis strafrechtlich beurteilen
solle; vielmehr forderte er in einer an den Justizminister v. Zedlitz gerichteten Order vom 18. 12. 1779 in schärfster Tonart,
„daß von Seiten des Criminalkollegii über diese 3 Leute nach
der Schärfe der Gesetze gesprochen und zum mindesten auf

Cassation und Vestunsarrest erkannt wird, wobey auch zugleich
zu erkennen gebe, daß, wenn das nicht mit aller Strenge ge-
schiehet, ihr sowohl, als das Criminalkollegium es mit mir zu
thun kriegen werde". Im weiteren Texte der Order wurde der
Bestrafungsbefehl auch auf die Räte der Küstriner Regierung
ausgedehnt.

Damit aber hatte der König einem Justizkollegium den Befehl
gegeben, daß es einen bestimmten Fall nicht auf Grund eigener
richterlicher Erkenntnis und Überzeugung in tatsächlicher und
rechtlicher Beziehung allein nach Maßgabe der Gesetze zu be-
urteilen habe, daß es vielmehr den Willen des König sowohl für
die tatsächliche wie auch für die rechtliche Beurteilung zur Grund-
lage zu nehmen und überdies sich bezüglich der Höhe der Be-
strafung den Wertungen des Königs unterzuordnen hätte. Bei
Beurteilung *dieses* Falles sollten also in *diesem* Gericht nicht die
Gesetze sprechen und der *Herrscher schweigen*, vielmehr sollten
die *Gesetze ignoriert* und *der Wille des Herrschers respektiert*
werden. Das aber ist für damalige richterliche Auffassung ein mit
richterlicher Funktion und Verantwortung unvereinbarer
„Machtspruch" gewesen und ist auch vom Justizminister v. Zedlitz und von dem durch die Order betroffenen Kriminalsenat des
Kammergerichts als ein solcher aufgefaßt worden. Zwar hat der
Kriminalsenat den Fall unter dem Gesichtspunkt der Rechtsbeugung befehlsgemäß *untersucht*, hat dann aber das verlangte
kondemnatorische Urteil verweigert, vielmehr lediglich in einem
„Gutachten" dargelegt, daß alle Beschuldigten für schuldlos zu
erachten seien. Durch v. Zedlitz hiervon in Kenntnis gesetzt, hat
der König in zwei noch bedeutend schärfer gehaltenen Orders
vom 27. und 30. 12. 1779 unter heftigsten Drohungen erneut
eine seinen Befehlen entsprechende kondemnatorische Strafsen-
tenz vom Kriminalsenat gefordert. Aber auch damit hat sich der
König nicht durchsetzen können. v. Zedlitz und der Kriminalsenat haben sich *nicht* gefügt, sondern durch ihren *offen bekun-*
deten Ungehorsam den König dazu gezwungen, selbst unter
eigener richterlicher Verantwortung die Verurteilung der Kammergerichtsräte und der Küstriner Regierungsräte zu Cassation
und einjährigem Festungsarrest auszusprechen. Was nun aber
in der Geschichte der preußischen Justiz dem ganzen Ereignis zu
einer so ungewöhnlichen Bedeutung verholfen hat, das ist die im

Staate Friedrichs einfach unerhörte Tatsache gewesen, daß der König die gegenüber Herrn v. Zedlitz und dem Kriminalsenat für den Fall des Ungehorsams ausgesprochenen schweren Drohungen hat auf sich beruhen lassen. v. Zedlitz und der Präsident wie die Räte des Kriminalsenats blieben unangefochten in ihren Ämtern. Der Widerstand aber gegen den, den Prinzipien des Königs selbst zuwiderlaufenden Machtspruch hat in einer von fester Überzeugung und hohem Mut zeugenden Weise die Entschlossenheit der Richter dokumentiert, ihre sachliche Unabhängigkeit in Gestalt ausschließlicher Verantwortung vor Gesetz und Recht auch dem König gegenüber auf jede Gefahr hin durchzusetzen. Friedrich aber – und das gereicht ihm zum höchsten Ruhm – hat in diesem Verhalten seine eigene in den politischen Testamenten ausgesprochene Anschauung bestätigt gesehen und wohl verstanden, daß der konkrete Ungehorsam gegen die mit seinen eigenen Grundsätzen unvereinbaren Orders eben wegen dieser seiner Grundsätze eine disziplinare oder gar strafrechtliche Ahndung gar nicht nach sich ziehen *durfte. Damit aber hat Friedrich seinen Staat auf den Weg zum Rechtsstaat geführt.* Dem Kammergericht aber gebührt der Ruhm, daß der Präsident des Kriminalsenates v. Rebeur und seine Räte, gestützt durch die entschiedene Haltung des Justizministers v. Zedlitz, sich auch durch die schärfsten und von ihnen durchaus ernst zu nehmenden Drohungen des Königs in ihrer richterlichen Haltung und in ihrer Intention auf Wahrheit und Gerechtigkeit nicht haben beirren lassen.

9. Es ist bekannt, daß Carl Gottlieb Svarez in dem im wesentlichen von ihm unter der Aegide des Großkanzlers Johann Heinrich Casimir von Carmer erarbeiteten Entwurf des Allgemeinen Landrechts für die Preußischen Staaten die Erfahrungen, die die Justizereignisse von 1779 so drastisch vermittelt hatten, in der großen Kodifikation des preußischen Rechtes zu bleibender Auswirkung hat bringen wollen. § 6 der Einleitung hat den Machtsprüchen jegliche rechtliche Bedeutung entziehen und hat damit natürlich zugleich die von dem Supplikenwesen herkommenden Gefahren bannen, § 9 hat „besondere landesherrliche Begünstigungen, Privilegien und Ausnahmen von gesetzlichen Vorschriften" auf engen Raum beschränken und damit

den Rechtssetzungswillen des Monarchen seiner Absolutheit entkleiden sollen. In der umfassenden Kodifikation hat also, im Grunde genommen, eine auch den König bindende „Verfassung" für das ganze Gebiet des öffentlichen und privaten Rechtes gegeben werden sollen. Aber es hat sich alsbald gezeigt, daß die Zeit für solchen Vorgriff auf konstitutionelle Verhältnisse noch nicht reif gewesen ist. Friedrich Wilhelm II. (1786–1797), stark beeinflußt durch den antiaufklärerisch-intoleranten Geist der Rosenkreuzergemeinschaft und der ihr angehörenden MinisterGünstlinge v. Bischoffswerder und Wöllner, setzte zwar nach einer der Veröffentlichung des Entwurfs alsbald folgenden mehrjährigen Suspension am 5. 2. 1794 das Allgemeine Landrecht in Kraft; aber gerade die §§ 6 und 9, die die königliche Macht hatten beschränken sollen, waren gestrichen worden. Was das für das Richtertum des Kammergerichts zu bedeuten hatte, zeigte sich alsbald in dem Verfahren gegen den sektiererischen lutherischen Pfarrer Schulz, dem der Volksmund den Beinamen „Zopfschulze" gegeben hat. Dieses Verfahren ist kein Kriminal-, sondern mehr ein die Frage der Notwendigkeit der Amtsentsetzung betreffendes Disziplinarverfahren gewesen. Zuständig ist dafür nach der inzwischen erfolgten Neugliederung des Kammergerichts in einen Instruktions- und einen Appellationssenat der erstere gewesen. Das ganze Verfahren ist beschattet gewesen durch einen auf vielfältige Gründe zurückzuführenden, von persönlichen Animositäten nicht freien Gegensatz zwischen dem Großkanzler v. Carmer und dem Kammergericht, ferner aber auch von der unter Friedrich Wilhelm II. alsbald aufkommenden Gegensätzlichkeit zwischen aufklärerisch-rationaler Geisteshaltung und der pseudomystischen rosenkreuzlerischen und streng orthodoxen Gesinnung der den König stärkstens beeinflussenden Gruppe um Wöllner und Bischoffswerder. Der Großkanzler hat in der Sache selbst zwar nicht einseitig Partei genommen, aber sein Ehrgeiz ließ ihn alles vermeiden, was seine Position beim König hätte beeinträchtigen können. Schon während der Instruktionssenat des Kammergerichts die Untersuchung gegen Schulz durchführte, sah er sich formal vielleicht nicht ganz unberechtigten Äußerungen des Königs gegenüber, die zu Maßnahmen des Großkanzlers führten, die der Senat als einen Versuch, ihn unter Druck zu setzen, sehr wohl hat empfinden können. Daß nach dem berüchtigten, aber doch nun einmal geltendes Recht darstellenden Religionsedikt von 1788 die Sache des beschuldigten Pfarrers ziemlich aussichtslos gewesen ist, steht fest. Der Instruktionssenat aber sprach in einer Entscheidung vom 21. 5. 1792 nicht die vom König und vor allem von Wöllner unbedingt erwartete Amtsentsetzung aus, vielmehr wurde mit 13 gegen 11 Stimmen dahin entschieden, „daß Schulz zwar nicht als lutherischer, wohl aber als christlicher Prediger im Amte zu belassen sei". Daß der König durch ein Reskript vom gleichen Tage die Amtsentsetzung des Schulz von sich aus verfügt hat, war eine berechtigte Maßnahme; denn wie in Strafsachen ist der König auch in Disziplinarsachen zu eigener höchstrichterlicher Entscheidung jederzeit befugt gewesen. Aber den unter Friedrich dem Großen entstandenen Prinzipien von richterlicher sachlicher Unabhängigkeit widersprach es schärfstens, daß der König nach dem Spruch des Senats vom Großkanzler eine Feststellung forderte, wie die einzelnen Räte des Senats votiert hätten. Und daß v. Carmer – anders als es mit Sicherheit von v. Zedlitz zu erwarten gewesen wäre – sich hier nicht zur Verteidigung richterlicher Entscheidungsfreiheit durchgerungen, sondern sich dem Befehl des Königs gefügt hat, ist ein Zeichen dafür gewesen, wie sich die Dinge seit 1779 wieder rückwärts entwickelt hatten. Das aber ist um so deutlicher in die Erscheinung getreten, als der König über diejenigen Räte, die gegen die Amtsentsetzung des Schulz gestimmt hatten, Strafen festsetzen ließ. Im Zusammenhang damit sind in dem die Bestrafung anordnenden Schreiben des Königs die die ganze Situation der Justiz grell beleuchtenden Worte geschrieben: „Es ist diese Sentenz ein wahrer Schandfleck des Kammergerichts in aller Absicht, und ich kann nicht begreifen, wie vernünftige Leute, wofern sie nicht bösen Willen haben, wie hier offenbar" (!!) „zu Tage liegt, dergleichen Unsinn vorbringen und wider ihre Pflicht und Gewissen behaupten können." Wenn auch der König bald danach die Straffestsetzungen wieder aufgehoben hat, so haben die in ihrer richterlichen Berufsauffassung und Ehre schwer getroffenen Kammergerichtsräte darin keine Genugtuung finden können, da – nicht ohne allzu diplomatisch-vorsichtige Manipulierung seitens v. Carmers – die Aufhebung unter Aufrechterhaltung des Schuldvorwurfs im *Gnadenwege* erfolgt ist.

10. Der Zopfschulzen-Prozeß ist unter der Großkanzlerschaft v. Carmers für das Kammergericht nicht der einzige Anlaß gewesen, angesichts der Entwicklung des Rechts- und Gerichtswesens von schwerer Sorge erfüllt zu sein. Coccejis Versuche, das materielle und prozessuale Recht Preußens zu reformieren, waren gescheitert. Die Kodifikation des *materiellen* Rechts, schon von Friedrich Wilhelm I. dringend gefordert, harrte der Vollendung und wurde denn auch im Allgemeinen Landrecht von 1794 erreicht. Aber den staatspolitischen Intentionen der preußischen Könige hat, nachdem die Criminalordnung von 1717 für die Strafprozesse eine den absolutistischen Intentionen angemessene Lösung gebracht hatte, gerade auch eine Reform des Zivilprozesses als wichtige Angelegenheit entsprochen, weil Zivilprozesse grundsätzlich als zu vermeidende oder doch, wenn nicht anders möglich, wenigstens als in tunlichst kürzester Zeit zu beendende Störungen wirtschaftlich-vernünftiger Lebensgestaltung angesehen wurden. Dazu ist das Mißtrauen des Königs und seiner Bürokratie gegen den Advokatenstand gekommen, dem die lange Dauer vieler Prozesse in erster Linie aufs Konto gesetzt wurde, weil die Schwerfälligkeit des schriftlichen gemeinrechtlichen Prozesses mit seiner Parteiherrschaft allzu viele Möglichkeiten zur Hinzögerung der Verfahren zu bieten schien. v. Carmer hatte es als schlesischer Justizminister bereits in den 70er Jahren verstanden, sich auf die ihm bekannten Wünsche des Königs – nicht ohne rivalisierende Absichten gegenüber dem Großkanzler v. Fürst – durch einen Reformplan zur Abkürzung der Prozesse einzustellen. Aber zur Realisierung seiner gesetzgeberischen Pläne gelangte er erst, nachdem er selbst nach der Amtsentsetzung des Herrn v. Fürst im Jahre 1780 Großkanzler geworden war. Um die Widerstände auszuschalten, deren er seitens des Kammergerichts und insbesondere seitens des dort sehr einflußreichen und verehrten Präsidenten des Oberappellationssenates, v. Rebeur, sicher war, versuchte v. Carmer beim König die Versetzung v. Rebeurs auf den Posten des schlesischen Justizministers zu erreichen, hatte aber damit keinen Erfolg. Um so mehr mußte v. Carmer an schneller Durchbringung des von ihm fertig mitgebrachten, von Svarez ausgearbeiteten Projektes einer Verfahrensreform gelegen sein. Schon am 26. 4. 1781 konnte das „Corpus juris Fridericianum, erstes Buch, von der

Prozeßordnung" publiziert werden. Mit diesem Gesetz wurde die schärfste Abwendung von den noch in der Coccejiischen Gesetzgebung (Codex Fridericianus, 1747–1749) beibehaltenen Prozeßmethoden vollzogen: die Verhandlungs- und die Eventualmaxime wurden durch die Inquisitionsmaxime ersetzt, und zwar in dem Sinne, daß der Richter den Parteien gegenüber eine weitgehende staatliche Bevormundung ausüben, sie zur Angabe der Wahrheit auch da, wo dies einen prozessualen Nachteil bedeutete, anhalten, in freiester Weise „ihre Erzählungen und mitzubringenden Beweisthümer gegeneinander halten und so die materielle Wahrheit eruieren sollte"; nach Feststellung eines vom instruierenden Richter schriftlich abzufassenden status causae et controversiae sollte dann das Kollegium, allerdings ohne Beweisinterlokut, die Beweisaufnahme beschließen; an der formellen Beweistheorie wurde festgehalten. Zugleich wurde die Stellung der Advokaten dadurch verändert, daß sie auf Rechtsberatung außerhalb der Gerichtssäle beschränkt, im Verfahren selbst aber durch beamtete Assistenzräte (Justizkommissare) ersetzt wurden.

Der Widerstand des Kammergerichts gegen eine derartige Umgestaltung des überkommenen Zivilprozesses trat schon vor dem Inkrafttreten des Corpus Fridericianum in Erscheinung, wobei die persönlichen Gegensätze zwischen v. Carmer und v. Rebeur in aller Schärfe zu Tage traten. Wie sich die durch und durch unerfreulichen Auseinandersetzungen zwischen dem Großkanzler und dem Kammergericht bis zu v. Carmers Ausscheiden aus dem Amte (1795) hingezogen haben, ist von *Holtze* bis in alle Einzelheiten geschildert worden und kann im Rahmen dieser Arbeit nicht nachgezeichnet werden. Mochte der schließlich ins Literarische übertragene Streit zwischen den vom Kammergericht vertretenen Anschauungen und den rechtspolitischen Tendenzen des Großkanzlers auch mit einem literarischen Sieg v. Rebeurs geendet haben, an den grundsätzlichen Neuerungen, die v. Carmers Prozeßreform gebracht hatte, wurde Wesentliches nicht geändert. Immerhin hat eine Revision des Gesetzes von 1781 im Hinblick auf manche Übertreibungen (wie die Ausschließung der Anwaltschaft) sich als notwendig erwiesen; sie erfolgte 1793 und endete schließlich 1795 in der „Allgemeinen Gerichtsordnung". mit der die Reform des Zivilprozeßrechts fürs erste ihren Abschluß erreichte. Zusammen mit dem Allgemeinen Landrecht von

1794 bietet sie das getreue Bild einer nach den Prinzipien des aufgeklärten Absolutismus gestalteten Rechtsordnung

IV. Das Kammergericht in der Zeit des Übergangs zum Konstitutionalismus

1. Im preußischen Staat hat der Konstitutionalismus erst nach der bürgerlichen Revolution von 1848 in der oktroyierten Verfassung vom 5. 12. 1848 und in der revidierten Verfassung vom 31. 1. 1850 seine Anerkennung gefunden, nachdem in den süddeutschen Staaten schon seit 1818 Verfassungen zustande gekommen waren, die, was hier vor allem zu interessieren hat, die Unabhängigkeit der Gerichte „in den Grenzen ihrer amtlichen Befugnis" (so Tit. VIII § 3 der Bayer. Verf. vom 26. 5. 1818; ganz ähnlich § 96 der Württemb. Verf. vom 25. 9. 1819) anerkannten und das landesherrliche Bestätigungsrecht beseitigt hatten. Dieses letztere ist aber auch dem preußischen Richtertum seit den in der Justizkatastrophe von 1779 gemachten Erfahrungen nicht weniger ein Dorn im Auge gewesen. Svarez hatte ihm in den Vorträgen, die er 1791/92 vor dem preußischen Kronprinzen zu halten hatte, mit schonungsloser Deutlichkeit eine Absage erteilt und damit nur die im preußischen Richtertum wohl allgemein verbreitete Anschauung zum Ausdruck gebracht.

Der *landesherrliche* Absolutismus war seit der Regierung Friedrich Wilhelms II. dem *bürokratischen* Absolutismus der Ministerialbürokratie gewichen. Die auch dem preußischen Richtertum am Herzen liegenden Bestrebungen, „in den Grenzen seiner amtlichen Befugnisse" zu der im Jahre 1779 behaupteten Unabhängigkeit verfassungsmäßig zu gelangen, hatten sich daher nun im wesentlichen gegen Widerstände der hohen Bürokratie zu richten, die sich dabei freilich des letztlich immer noch entscheidenden Willens des Monarchen geschickt zu bedienen wußte. Sich in diesen Gegensätzlichkeiten immer wieder zu bewähren, erhielt das Kammergericht um so eher und um so mehr Gelegenheit, als es in den ersten Jahrzehnten des 19. Jahrhunderts mehr als bisher mit Kriminalsachen befaßt wurde. Gerade das hat den Anlaß dazu gegeben, daß in den Jahrzehnten des erwachenden

bürgerlichen Liberalismus diejenigen Gegensätze in die Wirksamkeit des Kammergerichts haben hineingreifen müssen, die
zwischen der an den Methoden des Polizei- und Zensurstaates
festhaltenden Ministerialbürokratie und dem selbstbewußter
werdenden, nicht zur Distanz *vom* Staat, sondern zur Mitver-
antwortung *am* Staat drängenden Bürgertum erwachen und sich
verschärfen mußten.

Der sich bedroht fühlende Polizeistaat reagierte mit einer
Verschärfung des politischen Strafrechts, jedenfalls mit gestei-
gerter Verfolgungsenergie gegen diejenigen, die im Sinn der
„Karlsbader Beschlüsse" (1819) demagogischer Umtriebe ver-
dächtig waren, weil sie der politischen Unruhe Ausdruck gaben,
die in der Nichterfüllung der politischen Verheißungen von 1815
und 1820 ihren Grund hatte.

Dafür, daß das Kammergericht in Fällen, wo Freiheit und
Recht des einzelnen durch polizeistaatliche Tendenzen und
Methoden der Bürokratie gefährdet wurden, in objektiver Ge-
lassenheit für den Schutz des einzelnen durch die nur dem Recht
und der Wahrheit verpflichtete Rechtsprechung einzutreten verstanden und den Mut gehabt hat, geben die Fälle des Turnvaters
Jahn, des Buchhändlers Reimer und ähnliche Ereignisse inter-
essante Beispiele ab.

2. Die Bedeutung des Kammergerichts auf dem Gebiete des
Staatsschutzes erfuhr eine wesentliche Steigerung, als es durch
KO. vom 25. 4. 1833 für den ganzen Umfang der Monarchie zum
Spezialgerichtshof für alle gegen die bestehende Regierungsform
Preußens, die politischen Grundsätze des Deutschen Bundes, die
öffentliche Sicherheit gerichteten Straftaten bestellt wurde. Der
Kriminalsenat des Kammergerichts hatte in diesen Sachen in
erster Instanz zu entscheiden; der Oberappellationssenat bildete
die Rechtsmittelinstanz. Das Kammergericht hatte damit die
Funktion eines „Staatsgerichtshofs" übertragen erhalten. Daß in
einer Zeit erregter politischer Leidenschaften das Ansehen des
mit dieser politischen Strafjustiz belasteten Kammergerichts in
ein Zwielicht hat geraten müssen, ist zu verstehen; freilich hat
sich der Unmut offenbar nicht so sehr gegen die gerichtlichen,
an die Gesetze gebundenen Entscheidungen der beiden Senate,
als vielmehr gegen die inquisitorischen Methoden der Unter-

suchungsrichter vom Schlage etwa des Kriminalrats Dambach gerichtet, in dessen Hand sich zu befinden für einen Beschuldigten, dem nach dem Rechte der Criminalordnung von 1805 die Rolle eines so gut wie schutzlosen Untersuchungsobjektes eignete – wir wissen es aus der Schilderung Fritz Reuters –, eine qualvolle Entwürdigung gewesen sein muß. Daß sich die *Rechtsprechung* des Kammergerichts auch in solchen politischen Strafsachen, durch die sich der König persönlich betroffen fühlte – wie z. B. in der Strafsache des Königsberger Arztes Dr. Jacoby, der in seiner Streitschrift „Vier Fragen, beantwortet von einem Ostpreußen" die Nichterfüllung der königlichen Verfassungsversprechen schärfstens und bitter getadelt hatte –, um objektive Erfassung des Sachverhaltes ohne Rücksicht auf die nicht verborgen gebliebenen Wünsche des Königs zu bemühen wußte, zeigte der Freispruch Jacobys durch das zweitinstanzliche Urteil des Oberappellationssenates unter Vorsitz des Präsidenten v. Grolmann. Was v. Grolmann erwarten konnte, trat ein: er fiel beim König in Ungnade und erhielt am 12. 4. 1845 den Abschied. Im ganzen darf wohl für die Rechtsprechung des Kammergerichts, soweit es als Staatsgerichtshof in den Teufelskreis der Demagogenverfolgungen hineingezogen worden ist, das durch *Holtzes* Untersuchungen bestätigte Urteil *Hintzes* gelten, daß es auch in der Ausübung dieser justiziellen Aufgabe „seinen alten Ruf unabhängiger und aufrechter Gesinnung nicht geschädigt hat".

3. In den letzten Jahren der vorkonstitutionellen Zeit fällt in die Geschichte des Kammergerichts als besonderes Ereignis, daß ihm und dem ihm untergeordneten Criminalgericht in Berlin, nachdem am 27. 2. 1846 der Polenaufstand ausgebrochen war, die Durchführung des gegen 254 des Hochverrats verdächtige Personen gerichteten Strafverfahrens übertragen wurde. Mit diesem Ereignis ist bekanntlich eine grundlegende Änderung des preußischen Strafverfahrensrechtes verbunden gewesen, indem mit bezug auf diesen Polenprozeß durch Gesetz vom 17. 7. 1846 das öffentliche mündliche Anklageverfahren unter gleichzeitiger Einsetzung einer Staatsanwaltschaft als Anklagebehörde eingeführt wurde. Es ist für den als Vorsitzenden fungierenden Vize-Präsidenten Koch, seine 8 Beisitzer und für die Staatsanwälte Wentzel

und Friedberg eine große Leistung gewesen, daß der Prozeß unter Mitwirkung von 20 Verteidigern nach den ungewohnten neuen Verfahrensvorschriften in der Zeit vom 2. 8. bis zum 17. 11. 1847 in 91 Sitzungen hat durchgeführt werden können, und zwar im Kirchenraum des noch im Bau befindlichen Zuchthauses Moabit, dessen bereits fertiggestellte Zellenflügel den Beschuldigten als Untersuchungsgefängnis zu dienen hatten. Das am 2. 12. 1847 verkündete Urteil sprach die meisten Angeklagten frei. Über 60 Angeklagte wurden zwar schwerste Strafen (Todes-, Freiheitsstrafen) verhängt, jedoch wurden diese Bestrafungen nach einigen Monaten Haft für alle Verurteilten durch die Amnestie vom 20. 3. 1848 erledigt.

4. Um die gleiche Zeit erfolgten Veränderungen der preußischen Justizverfassung, die auch das Kammergericht mit betrafen. Die Verordnungen vom 2. und 3. 1. 1849 beseitigten die Patrimonialgerichtsbarkeit, brachten die allgemeine Einführung der Staatsanwaltschaft und den reformierten Strafprozeß mit Anklageverfahren und Geschworenengerichten und machten dem besonderen Gerichtsstand der Eximierten beim Kammergericht ein Ende. Das Kammergericht war nun bloß noch Appellationsinstanz. Es hat sogar vorübergehend seinen historischen Namen verloren und die Bezeichnung „Appellationsgericht" erhalten, ein Fehlgriff, der durch Erlaß vom 21. 5. 1850 wieder aus der Welt geschafft worden ist. Inzwischen war – ein später Sieg der seinerzeit vom Kammergericht unter v. Rebeur gegen den Großkanzler v. Carmer verfochtenen Ideen! – das Zivilprozeßrecht durch Wiedereinführung der Verhandlungs- und Eventualmaxime und der präklusivischen Fristen aus der durch die Carmersche Reform bewirkten polizeistaatlichen Verunstaltung befreit worden. Dieses auf den VOen vom 1. 6. 1833 und 21. 7. 1846 beruhende neue preußische Zivilprozeßrecht ist durch Gesetz vom 24. 6. 1867 auf die Neuerwerbungen des Jahres 1866 übertragen worden und ist bis zum Inkrafttreten der Reichsjustizgesetzgebung in Geltung geblieben.

V. Das Kammergericht im Zeitalter des
Konstitutionalismus

1. Die preußische revidierte Verfassung vom 31. 1. 1850 hat in Art. 86 die Unabhängigkeit der Gerichte und ihre ausschließliche Unterworfenheit unter die „Autorität der Gesetze" anerkannt. Damit hatten sich die Bestrebungen durchgesetzt, die 1779 gerade bei den *preußischen* Richtern nach dem mutigen Vorbilde des Kammergerichts eingesetzt haben, freilich dann im 19. Jahrhundert auch in der großen die Problematik des Richteramtes im rechtsstaatlichen Sinne verarbeitenden und vertiefenden rechtswissenschaftlichen Literatur von Feuerbach über v. Aretin, Zeiller, Klüber, Rotteck und Welcker bis hin zu Savigny stärkste Förderung gefunden hatten. Mochten auch die Urteile der Verfassung zufolge (Art. 85) „im Namen des Königs" gesprochen werden, „geschöpft wurden sie bloß im Namen der Wahrheit und des Gesetzes und vermöge eigener freier und selbständiger Überzeugung des Richters" (v. Aretin). Welchen entscheidenden Anteil an der Geltung dieses Rechtsprechungsprinzips gerade dem Kammergericht zuzubilligen ist, dürften unsere bisherigen Erörterungen ergeben haben.

2. Die Verfassung vom 31. 1. 1850 hat in Art. 89 die wichtige Bestimmung enthalten, daß die Organisation der Gerichte auf einem *Gesetz* beruhen müsse, also nicht mehr durch Verordnungen der Exekutive geregelt werden dürfe. Art. 92 hat ferner bestimmt, daß in Preußen nur *ein* oberster Gerichtshof bestehen dürfe. Diesen obersten Gerichtshof bildete das Obertribunal in Berlin (als dritte und höchste Instanz). Das Kammergericht fungierte daher als Appellationsgericht, d. h. als zweitinstanzliches Gericht gegenüber den Stadt- und Kreisgerichten, die zu seinem über den größten Teil der Provinz Brandenburg erstreckten Bezirk gehörten.

Die Funktion, die nach der KO. vom 25. 4. 1833 (oben IV 2) der Kriminalsenat und der Oberappellationssenat des Kammergerichts als Staatsgerichtshof auszuüben hatte, war durch die Märzereignisse des Jahres 1848 unterbrochen worden. Die preußische Verfassung aber hatte, nachdem 1849 die Schwurgerichte eingeführt worden waren, in den Artt. 94, 95 vorgesehen, daß für Hochverrat, Landesverrat und andere schwere politische

Straftaten ein „Schwurgerichtshof" errichtet werden solle. Dazu aber ist es nicht gekommen. Als dann seit 1852 auf allen politischen Gebieten die Reaktion einsetzte, wurden die den „Schwurgerichtshof" betreffenden Verfassungsbestimmungen in dem
Sinne geändert, daß im Verfassungstext der „Schwurgerichtshof"
durch einen „Gerichtshof" ersetzt und überdies bestimmt wurde,
daß durch einfaches Gesetz angeordnet werden könne, daß bei
Verbrechen auch ohne Geschworene, d. h. also ausschließlich durch
Berufsrichter die Schuldfrage erledigt werden könne. Davon ist
dann im Gesetz vom 25. 4. 1853, das für Hochverrat, Landesverrat und tätliche Angriffe auf den König wieder einen Staatsgerichtshof bilden sollte, Gebrauch gemacht worden. Diese Funktion als Staatsgerichtshof wurde nun erneut dem Kammergericht
zugewiesen. Die Mitglieder des Senates, der den Staatsgerichtshof bildete, waren jährlich vom Justizminister zu ernennen. In
der Besetzung mit 7 Räten hatte der Senat über die Versetzung
in den Anklagezustand zu entscheiden. Die Urteilsfällung in der
Sache selbst erfolgte durch einen aus 10 Räten gebildeten Urteils-
senat. Anders als nach der KO. von 1833 gab es für diese schwer-
sten politischen Delikte nur *eine* Instanz; doch konnte das Urteil
mit einer vom gesamten Kriminalsenat zu erledigenden Nichtig-
keitsbeschwerde angefochten werden. In dieser Funktion hat das
Kammergericht bis zum Inkrafttreten der Reichsjustizgesetze
gewirkt, und zwar auch dann noch, als die Verfassung des Nord-
deutschen Bundes für die Aburteilung von Hoch- und Landesverrat das Oberappellationsgericht der drei Freien und Hanse-
städte in Lübeck vorgesehen hatte; denn das Verfahren vor diesem
Gericht ist gesetzlich nicht mehr geregelt worden, so daß jene
Verfassungsvorschrift praktisch nicht hat realisiert werden können. Zu den wichtigsten Prozessen, die das Kammergericht als
Staatsgerichtshof hat durchführen müssen, hat das Verfahren
gegen Ferdinand Lassalle (1864) gehört, das mit einem Urteil auf
„Nichtschuldig wegen Hochverrats" geendet hat. Auch hat im
Jahre 1864 noch einmal ein gegen 149 Angeklagte gerichteter Po-
len-Prozeß geführt werden müssen, dessen Ursache der im Januar
1863 ausgebrochene Aufstand im russischen Polen gewesen ist, der
von preußischen Staatsbürgern polnischer Volksangehörigkeit im
Gebiete der Provinz Posen eine auch gegen staatliche Interessen
des preußischen Staates gerichtete Unterstützung gefunden haben

sollte. Unter Vorsitz des Vizepräsidenten Büchtemann wurde in 86 Verhandlungsterminen verhandelt, und zwar in einer außerordentlich sachlichen und ruhigen Atmosphäre. Das am 2. 12. 1864 verkündete Urteil sprach die meisten Angeklagten frei; nur gegen 11 flüchtige Angeklagte ergingen in contumaciam Todesurteile; einige Angeklagte erhielten Freiheitsstrafen, wurden aber sofort aus der Haft entlassen. Die öffentliche Meinung hat dem Kammergericht dieses Urteil zu hoher Ehre angerechnet, weil es von liberaler Seite als Schlag gegen die rußlandfreundliche Außenpolitik der Regierung angesehen wurde, obwohl sich das Kammergericht bei seiner Urteilsfällung von politischen Rücksichten nicht im geringsten hatte leiten lassen.

3. Als nach der Gründung des Deutschen Reiches die Reichsjustizgesetzgebung die den neuen politischen Verhältnissen entsprechende Ordnung des Gerichtsverfassungs- und des gesamten Verfahrensrechtes brachte, mußte sich notwendigerweise auch der preußische Justizorganismus ändern. Das preußische Obertribunal wich dem Reichsgericht; die Funktion des Kammergerichts als Staatsgerichtshof hatte aufzuhören, da § 136 des Gerichtsverfassungsgesetzes die Delikte des Hochverrats und Landesverrats, sofern sie gegen Kaiser und Reich begangen werden, dem vereinigten 2. und 3. Strafsenat des Reichsgerichts übertragen hatte.

Das Kammergericht als solches wurde in Ausführung der Reichsjustizgesetzgebung zum „Oberlandesgericht in Berlin", erhielt aber durch Erlaß vom 1. 9. 1879 erneut seinen historischen Namen „Kammergericht" bestätigt. Verglichen mit den andern preußischen Oberlandesgerichten wurde ihm eine gehobene Stellung dadurch zuteil, daß das preuß. Ausf. Ges. zum GVG vom 24. 4. 1878 (§ 50) ihm die ausschließliche Zuständigkeit für die gegen Berufungsurteile und erstinstanzliche Strafkammerurteile eingelegten Revisionen zuwies, sofern die Revision ausschließlich auf Verletzung landesrechtlicher Normen gestützt wird. Das Kammergericht sollte also im Bereich der Strafsachen die Rechtseinheit auf der Basis des preußischen Landesstrafrechts wahren. Eine gleich zentrale Stellung erhielt es in Sachen der freiwilligen Gerichtsbarkeit bei weiteren Beschwerden gegen landgerichtliche Entscheidungen (§ 51 Ausf. Ges. zum GVG).

Im übrigen wurde der örtlichen Zuständigkeit des Kammergerichts, die sich bisher nur auf Berlin und den Regierungsbezirk

Potsdam erstreckt hatte, auch der Regierungsbezirk Frankfurt a. O. zugewiesen, so daß die ganze Provinz Brandenburg in ihrer seit 1815 bestehenden Ausdehnung in den kammergerichtlichen Zuständigkeitsbereich gehörte. Endlich ist zu erwähnen, daß die preußische Disziplinargesetzgebung von 1879 dem Kammergericht den bisher mit dem Obertribunal verbundenen Großen Disziplinarsenat übertragen hat, und zwar mit der Maßgabe, daß er unter dem Vorsitz des Kammergerichtspräsidenten als erste Instanz für die Dienstvergehen aller Präsidenten und Senatspräsidenten der preuß. Land- und Oberlandesgerichte sowie als zweite Instanz für die bei jedem preuß. Oberlandesgericht gebildeten Disziplinargerichte für die übrigen Richter zu fungieren hatte.

Daß die Rechtsprechung der Oberlandesgerichte und somit auch die des Kammergerichts in Berlin sich neben derjenigen des Reichsgerichts hohes Ansehen und bedeutenden Einfluß auf die gesamte Rechtspflege erworben hat, ist jedem Kenner der deutschen Rechtsentwicklung bekannt. Das seit 1881 erscheinende „Jahrbuch für Entscheidungen des Kammergerichts in Sachen der nichtstreitigen Gerichtsbarkeit und in Strafsachen" hat von der Gründlichkeit und dem juristischen Niveau seiner Rechtsprechung Zeugnis abgelegt.

Der wirtschaftliche Aufschwung, den die Gründung des Deutschen Reiches zur Folge gehabt hat, das Anwachsen der Großstädte, namentlich der Reichshauptstadt Berlin, die fortschreitende Industrialisierung und die Steigerung der internationalen Handels- und Wirtschaftsbeziehungen haben die Arbeitslast des Kammergerichts in Zivilsachen sehr bald erheblich gesteigert. Mit 7 Zivil- und 3 Strafsenaten hat es 1879 seine Tätigkeit aufgenommen. Aber noch vor der Jahrhundertwende hat sich die Zahl der Zivilsenate auf 15 vermehrt. Die strafrechtliche Tätigkeit des Kammergerichts ging dagegen so stark zurück, daß zwei Strafsenate die Erledigung von Zivilsachen haben übernehmen können.

VI. Ausklang

1. Die entwicklungsgeschichtlichen Schwerpunkte in der Geschichte des Kammergerichts haben im 18. und 19. Jahrhundert gelegen. In diesen Jahrhunderten vollziehen sich die mit dem Namen des Kammergerichts verbundenen Leistungen, die nicht nur für Brandenburg-Preußen, sondern für das ganze Deutschland zur Entstehung eines modernen Richtertums und zur Herausbildung rechtsstaatlicher Grundsätze in Gerichtsverfassung und Rechtsprechung geführt haben.

2. Im 20. Jahrhundert haben das Kammergericht und seine Richter durch die Katastrophen hindurchgehen müssen, die durch die Weltkriege und die Staatsumwälzungen hervorgerufen worden sind. Wäre das Kammergericht in diesen stürmischen und wandlungsreichen Zeiten nicht hauptsächlich ein *Zivilgericht* gewesen, hätte es in der Strafrechtspflege, wie in früheren Jahrhunderten, eine weitreichende tat- oder revisionsrichterliche Tätigkeit auszuüben gehabt, so würde es in den sich ablösenden Krisenzeiten sicher markanter hervorgetreten sein. Mit allen anderen Gerichten ist es unter dem nationalsozialistischen Regime allen Rechts- und Justizfeindlichkeiten ausgesetzt gewesen, die in der Beamtengesetzgebung, in der vom Rassenwahn vergifteten Personalpolitik und in der Vernichtung richterlicher Unabhängigkeit in düstere Erscheinung getreten sind und die terroristische Atmosphäre des totalitären Staates zur schrecklichen Erscheinung haben gelangen lassen. Hier auf die einzelnen Gesetze und Maßnahmen einzugehen, die in die Struktur, die Selbstverwaltung, die Rechtsprechung und besonders in den Personalbestand des Kammergerichts eingewirkt haben, kann nicht mehr als lohnend erscheinen. Es wäre zu wünschen, daß den dem Kammergericht angehörenden Richtern und Staatsanwälten und den bei ihm zugelassenen Rechtsanwälten, denen Hitlers Terrorsystem ein schweres Schicksal bereitet hat, ein der einzelnen Persönlichkeit gerecht werdendes Erinnerungsmal gesetzt werden würde.

Der Zusammenbruch im Jahre 1945 hat das Kammergericht schwer betroffen. Freilich: der Staat, in dessen Geschichte es seine an Höhepunkten reiche Wirksamkeit hat ausüben und dessen Wesen es durch sein Eintreten für richterliche Unabhängigkeit und

44

für den Rechtstaat stärkstens mit hat prägen können, ist schon mit Hitlers Machtergreifung zugrunde gegangen. Der die Auflösung Preußens formell aussprechende Kontrollratsbeschluß Nr. 46 vom 25. 2. 1947 ist nur der Eselstritt gewesen, den die das Wesen, die Geschichte und die Bedeutung Preußens für die Verklammerung Mitteleuropas blind verkennenden Siegermächte dem bereits toten Staat Preußen versetzt haben.

3. Das Kammergericht hat zu bestehen nicht aufgehört. Aber die territorialen Veränderungen im deutschen Raum, die Zonenbildung seitens der alliierten Mächte, das besondere Schicksal der alten Reichshauptstadt Berlin hat seine Wirkungsmöglichkeiten stark beschränkt. Die politische Lage Groß-Berlins, das, nachdem Deutschland in vier Besatzungszonen zerrissen worden war, zunächst unter der Vier-Mächte-Kommandantur einen besonderen Besatzungsbezirk bildete, brachte es mit sich, daß das Kammergericht seine Zuständigkeit für die ganze Provinz Brandenburg nicht mehr behalten konnte, vielmehr in seiner Zuständigkeit auf den Raum von Groß-Berlin beschränkt wurde. Am 1. 7. 1948 haben die Russen sich aus der Alliierten Kommandantur zurückgezogen. Das hat dazu geführt, daß sich in Groß-Berlin der russisch besetzte Sektor von dem Westsektor der drei Westmächte sonderte und daß das Kammergericht-West vom Kammergericht-Ost abgespalten wurde. Das Gesetz vom 8. 12. 1949 hat in der DDR zur Errichtung des Obersten Gerichtshofes mit Sitz in Berlin, „der Hauptstadt der DDR", geführt. Das Kammergericht-Ost blieb aber zunächst, da das Gesetz von 1949 nur für die sowjetisch besetzte Zone erlassen worden ist, noch als Oberstes Gericht für Ost-Berlin erhalten. Im Herbst 1961 aber wurde es nach Errichtung der Berliner Mauer aufgehoben. Ost-Berlin wurde der Gerichtsorganisation der DDR eingegliedert.

4. Der Name Kammergericht ist seitdem nur mit dem für die westlichen Sektoren Berlins fungierenden obersten Gericht verbunden. Für seine Rechtsprechung gelten die rechtsstaatlichen Grundsätze, wie sie der deutschen Rechtstradition entsprechen und für die Bundesrepublik durch das Grundgestz bestimmt werden. So ist das Kammergericht für seinen schmalen Wirkungsbereich wiederum der Hort der Gerechtigkeit im Sinne dessen,

was in den Zeiten seiner markantesten Leistungen unter Recht und Gerechtigkeit verstanden worden ist. Zugleich ist es der Vorposten gegenüber dem, was jenseits der Berliner Mauer und des Eisernen Vorhangs nach bolschewistischem Vorbild als „sozialistische Gerechtigkeit" verstanden wird. In dieser Funktion aber hat das Kammergericht symbolhafte Bedeutung für das Schicksal aller Deutschen, die bisher noch vor dem von Moskau aus dirigierten Totalitarismus bewahrt geblieben sind.

Schriftenreihe der Juristischen Gesellschaft e.V. Berlin

Heft 16: **Pressefreiheit und militärisches Staatsgeheimnis.** Von Prof. Dr. Hans-Heinrich Jescheck. IV, 39 Seiten. 1964. DM 7,80

Heft 17: **Gestaltungsrecht und Unterwerfung im Privatrecht.** Von Prof. Dr. Eduard Bötticher. IV, 33 Seiten. 1964. DM 7,—

Heft 18: **Von den zwei Rechtsordnungen im staatlichen Gemeinwesen.** Ein Beitrag zur allgemeinen Rechtstheorie. Von Prof. Dr. Eberhard Schmidthäuser. IV, 31 Seiten. 1964. DM 6,80

Heft 19: **Der Gleichheitssatz im Wirtschaftsrecht des Gemeinsamen Marktes.** Von Prof. Dr. Ernst Steindorff. IV, 61 Seiten. 1965. DM 12,80

Heft 20: **Cicero als Advokat.** Von Prof. Dr. Franz Wieacker. IV, 27 Seiten. 1965. DM 7,50

Heft 21: **Probleme der Leistungsverwaltung.** Von Otto Küster. IV, 36 Seiten. 1965. DM 7,50

Heft 22: **Das Allgemeine Landrecht von 1794 als Grundgesetz des friderizianischen Staates.** Von Prof. Dr. Dr. h. c. Hermann Conrad. IV, 28 Seiten. 1965. DM 7,20

Heft 23: **Wege zu einer Konzentration der mündlichen Verhandlung im Prozeß.** Von Prof. Dr. Fritz Baur. IV, 26 Seiten. 1966. DM 6,50

Heft 24: **Die verfassungsrechtliche Bedeutung der Vertragsfreiheit.** Von Prof. Dr. Hans Huber. IV, 32 Seiten. 1966. DM 7,50

Heft 25: **Probleme des Mitbestimmungsrechts.** Von Prof. Dr. Rolf Dietz. IV, 24 Seiten. 1966. DM 7,—

Heft 26: **Über die Unentbehrlichkeit der Jurisprudenz als Wissenschaft.** Von Prof. Dr. Karl Larenz. IV, 27 Seiten. 1966. DM 6,50

Heft 27: **Das konkrete Gefährdungsdelikt im Verkehrsstrafrecht.** Von Prof. Dr. Karl Lackner. IV, 24 Seiten. 1967. DM 5,—

Heft 28: **Das völkerrechtliche Gewaltverbot. Probleme und Entwicklungstendenzen.** Von Prof. Dr. Dr. Wilhelm Wengler. IV, 61 Seiten. 1967. DM 14,—

Heft 29: **Untersuchungen zum Fehlurteil im Strafprozeß.** Von Prof. Dr. Karl Peters. IV, 29 Seiten. 1967. DM 6,—

Heft 30: **Demosthenes als Advokat.** Von Prof. Dr. Hans Julius Wolff. IV, 26 Seiten. 1968. DM 6,—

Alle Hefte der Reihe erscheinen im Format Oktav. Mitglieder der Gesellschaft erhalten eine Ermäßigung von 30 %

Walter de Gruyter & Co · Berlin 30

www.ingramcontent.com/pod-product-compliance
Lightning Source LLC
Chambersburg PA
CBHW031119180526
45160CB00002B/27